AF355742

HISTOIRE

DU CHEVALIER

GRANDISSON.

NOUVELLES LETTRES

ANGLOISES

OU

HISTOIRE

DU CHEVALIER

GRANDISSON;

Par l'Auteur de PAMELA ET DE CLARISSE.

TOME PREMIER,

PREMIERE PARTIE.

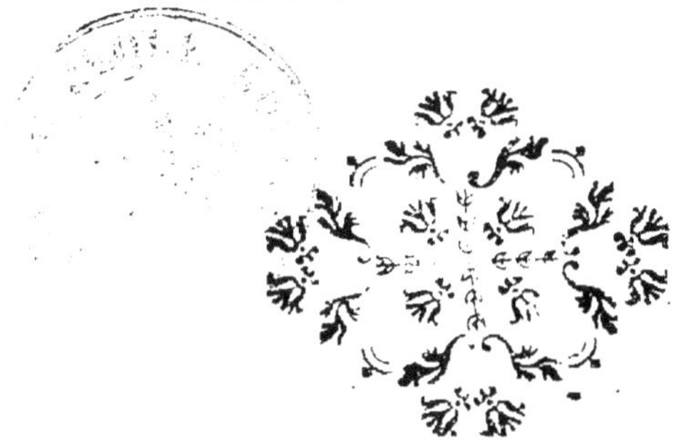

A AMSTERDAM.

M. DCC. LV.

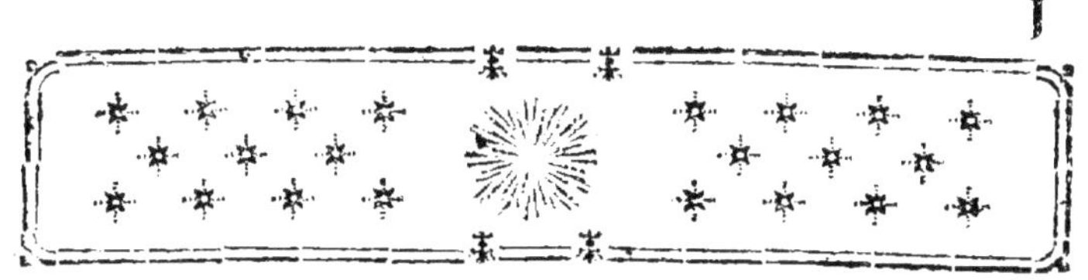

INTRODUCTION.

C'Est une assez plaisante imagination du Boccalini, de prétendre que
dans un bloc de bois ou de pierre, il
y a toujours une belle Statue renfermée. La difficulté n'est, dit-il,
que de l'en tirer; & tout l'art con-
siste à lever assez habilement l'enveloppe informe qui la couvre, pour
ne lui rien ôter de sa perfection naturelle. Mais si cette idée n'est qu'un
badinage, en Sculpture, elle peut
être appliquée plus sérieusement à
certains Ouvrages d'esprit, qui sous
une rude écorce, c'est-à-dire, avec
de grands défauts dans la forme,
ne laissent pas de renfermer des beau-

tés superieures. Les exemples n'en sont pas rares chez nos Voisins, & je n'ai pas attendu les approches de la guerre pour l'observer (*). Une main habile peut lever cette écorce, c'est-à-dire, établir l'ordre, retrancher les superfluités, corriger les traits, & ne laisser voir enfin que ce qui mérite effectivement de l'admiration. Quelques-uns de nos Traducteurs ont rendu ce service à des Livres importans ; & c'est un des principaux objets du Journal Etranger.

Ce Recueil de Lettres Historiques n'auroit pû paroître, en François, sans une réformation de cette nature. Quelques Censeurs éclairés la jugeoient même impossible ; & n'en estimant pas moins le fond de l'Ouvrage, ils regretoient une infinité d'ex-

* Voyez la Préface & les Notes de Clarisse.

cellentes choſes , qu'ils croioient abſolument perdues pour nous : mais
l'entrepriſe ne m'a paru que difficile ,
& j'ai eu le courage de la tenter.

Sans rien changer au deſſein général de l'Auteur, ni même à la plus
grande partie de l'exécution , j'ai
donné une nouvelle face à ſon
Ouvrage , par le retranchement
des excurſions languiſſantes , des
Peintures ſurchargées , des converſations inutiles & des réflexions déplacées. Le principal reproche , que la critique fait à M.
Richardſon, eſt de perdre quelquefois de vûe la meſure de ſon ſujet,
& de s'oublier dans les details * : j'ai
fait une guerre continuelle à ce défaut de proportion, qui affoiblit l'in-

* On va voir, dans ſa Préface, qu'il ſent le
mal & qu'il veut l'excuſer.

terét ; & s'il en reste encore des traces , je dois convenir qu'elles sont
inévitables dans un récit en forme
de Lettres. J'ai supprimé, ou réduit
aux usages communs de l'Europe ,
ce que ceux de l'Angleterre peuvent
avoir de choquant pour les autres
Nations. Il m'a semblé que ces restes
de l'ancienne grossiereté Britannique,
sur lesquels il n'y a que l'habitude qui
puisse encore fermer les yeux aux
Anglois , deshonoroient un Livre
où la politesse doit aller de Pair avec
la Noblesse & la vertu. Enfin, pour
donner une juste idée de mon travail,
il suffit de faire remarquer que
sept volumes, dont l'Edition Angloise
est composée , & qui en feroient
quatorze de la grosseur des miens, se
trouvent ici réduits à quatre.

Ceux qui voudroient juger en-

core mieux de mes réformations,
peuvent se procurer une Traduc-
tion du même Ouvrage, impri-
mée à Gottingue, qui représente
l'Anglois, non - seulement avec
toutes ses longueurs, mais littérale-
lement rendu en François, dans
la vûe d'enrichir notre langue de
nouvelles expressions & de nouveaux tours. Ce dessein, conçû en
Allemagne, & la maniere dont
il est rempli, en font un des plus
singuliers monumens qui soient jamais sortis de la presse.

Si l'on me demande pourquoi j'ai
pris tant de peine à réformer l'Ouvrage d'autrui, lorsqu'avec moins
de fatigue, j'en aurois pû donner un
nouveau dans le même genre ; je
satisfais à cette question par deux
réponses. La premiere est qu'il

m'en a paru digne ; & qu'y retrouvant le genie de l'Auteur, avec la plûpart des autres qualités qui lui ont fait une réputation diſtinguée, je n'ai pas cru mon tems mal emploié à faire pour ſon Grandiſſon, ce que j'ai fait aſſez heureuſement pour ſa Clariſſe.

Ma ſeconde réponſe paſſera, ſi l'on veut, pour un caprice d'Artiſte, qui veut faire des eſſais dans un genre qu'il a longtems exercé. Après avoir vérifié, plus d'une fois, que les grandes ſources de l'interêt ſont dans le Tragique, j'ai voulu tenter ſi ſans remuer l'ame avec tant de force, on ne pouvoit pas l'attacher auſſi ſenſiblement, par de plus douces impreſſions. L'Hiſtoire du Chevalier Grandiſſon m'a paru propre à cette expérience. Elle n'offre point d'intrigues ſombres, ni d'avantures ſanglantes & de cataſtrophes funestes. Il n'y meurt personne qu'au terme de la nature, ou par des accidens communs, & dans les regles de la Medecine : mais toutes les Vertus y jouent le rôle qui leur convient ; & les mouvemens, qu'elles excitent, sont ceux d'une joie paisible, causée ordinairement par quelque action qu'on admire. Si cet Ouvrage obtient quelque succés, on ne doit plus tant se plaindre de la corruption des principes, puisqu'il demeurera bien prouvé que le gout de la vertu subsiste encore. Ainsi c'est une affaire d'honneur, pour ceux à qui j'ai l'esperance de plaire.

Les deux premiers Tomes, qu'on donne en quatres Parties, perdent peut-être quelque chose à paroître sans ceux qui doivent les suivre : mais on n'a pû se dis-

penfer de cette divifion , pour
fe hâter d'avertir le Public que
je n'ai aucune part à l'Edition
Allemande. Les quatre dernieres
Parties feront publiées , dans le
cours du mois de Janvier prochain.

PRÉFACE
DE L'ÉDITEUR ANGLOIS.

L'ÉDITEUR de ces Lettres croit pouvoir se dispenser d'apprendre au Public, comment elles sont tombées entre ses mains; mais il s'applaudit de l'occasion qu'elles lui donnent d'achever un plan qu'il avoit formé avec complaisance, & qu'il désiroit de remplir, beaucoup plus qu'il n'osoit l'esperer.

Le premier Recueil, qu'il a publié sous le titre de *Pamela*, représente la beauté & la superiorité de la vertu dans une ame simple & inocente, avec les récom-

 # PRÉFACE

penfes que le Ciel fe plaît fouvent à verfer fur la bonté , pendant le cours même de cette vie. Une jeune fille , fans naiffance , fait à fes honnêtes Parens le récit des épreuves auxquelles fon honneur eft expofé , de la part d'un Maître , dont le devoir étoit de lui fervir de Protecteur ; cette peinture renferme celle du caractere d'un Libertin , dans tout ce qu'il a de méprifable. Cependant la bonne éducation que ce Libertin a reçue d'une excellente Mere, fon amour pour une Fille vertueufe , & l'aimable exemple qu'elle lui donne avec une patience invincible, lorfqu'elle eft devenue fa femme , le rappellent enfin à la pratique de cette vertu , dont il n'avoit que le goût.

Dans le second Recueil, que l'Editeur a publié fous le nom de *Clariffe*, la fcene eft beaucoup plus diverfifiée. Elle offre une perfonne, du même fexe que Pamela, mais née dans un plus haut rang & pour d'autres efpérances, qui fe trouve engagée dans une telle variété de malheurs & de chagrins, qu'elle perd la vie par une mort prématurée : leçon terrible, pour les Parens qui entreprennent de forcer les inclinations d'une jeune fille dans la plus importante affaire de la vie, & pour toutes les jeunes filles, qui prennent une téméraire confiance aux plus belles promeffes d'un homme fans principes. Cependant l'Héroïne, foutenue par le fecours de la Religion, triomphe de toutes les épreuves;

& son cœur, toujours excellent, purifié, exalté par chaque disgrace, se réjouit à l'approche d'une meilleure vie. La méchanceté de son cruel Destructeur paroît également noire & impuissante, jusques dans les odieux succès dont il fait gloire ; mais l'excès d'une vaine présomption lui fait étouffer quelques remords, dont il ne laisse pas d'être épouvanté. Il ferme les yeux à la lumiere ; il s'endurcit contre la conviction; & s'obstinant à rejetter toutes sortes d'avertissement & d'instances il périt misérablement dans le plus bel âge de la vie, accablé enfin de regret, de honte & d'horreur, qu'il emporte inutilement au tombeau. On se flatte que ses Lettres pourront être de quelqu'utilité aux jeunes gens , pour les tenir en garde contre l'abus de l'esprit, de la jeunesse , du rang , de la fortune , & de tous les avantages extérieurs , qui se changent souvent en malédiction pour ceux qui les possedent, & dont les effets ne deviennent pas moins funestes à la Société.

D'heureuses circonstances ont procuré à l'Editeur une troisiéme collection de Lettres , qui le met en état de présenter au Public le caractere & les actions d'un homme d'honneur. On trouvera, dans le Chevalier *Grandisson*, l'exemple d'une belle ame, dont la conduite est uniforme dans une grande variété de situations difficiles, parce que toutes ses actions partent constamment d'un même principe. On

y verra l'ami de la Religion & de
la vertu, l'homme ferme, fensible,
éclairé, agréable & cher à tout le
monde, par la noblefle de fes manieres & la droiture de fon cœur;
heureux en lui-même, & faifant
le bonheur des autres.

Cette explication doit faire juger que dans l'Ouvrage qu'on publie, comme dans les deux qui
l'ont précédé, l'unique,& même le
principal deffein de l'Editeur, n'eft
pas d'offrir une lecture amufante.
Ses vues font beaucoup plus nobles. Mais il efpere que la variété
des évenemens & des caracteres,
qui fe trouvent néceffairement in-
troduits dans un fi grand nombre
de Lettres, fera également capable
de plaire & d'inftruire ; d'autant
plus que les principaux Corefpon-

dans font de jeunes gens pleins de feu, qui joignent, aux agrémens de l'efprit, toute la politeffe d'une belle éducation.

La nature des Lettres familieres, dont la plûpart s'écrivent dans le moment où le cœur eft agité par des craintes & des efpérances, fur des évenemens incertains, doit fervir d'excufe pour la groffeur de cette collection. On auroit pù raffembler plus de faits & de caracteres, dans un moindre efpace; mais feroient-ils auffi intéreffans? Le recit de la jeuneffe du principal Acteur fe trouve heureufement renfermé dans un affez petit nombre de Lettres. Il n'y a point une épifode dans l'Ouvrage entier; & lorfque le Chevalier Grandiffon commence à paroître sur la scene, on ne trouvera plus rien, qui ne tende à l'illustra- tion du dessein principal. Les pre- mieres Lettres ne seront pas ju- gées plus inutiles, si l'on observe qu'elles font connoître, au Lecteur, une partie des Personnages dont l'Histoire est étroitement liée avec celle du Héros.

HISTOIRE
DU CHEVALIER
GRANDISSON

LETTRE PREMIERE.

Miss Lucie Selby, à Miss Henriette Byron.

Au Château d'Ashby-Canons, 10 de Janvier.

VOTRE résolution, d'acompagner Mme. Reves à Londres, a fort allarmé vos trois Amans. Soyez sûre que vous entendrez parler de deux au moins. Une fille, aussi aimable que ma chere Henriette, doit s'attendre qu'on lui demandera compte de ses démarches.

Mr. Greville, avec sa résolution ordinaire, menace de vous suivre à la ville; & là, dit-il, il observera tous les mou-

A

vemens de chaque Mortel qui approchera
de vous : & pour peu qu'on lui en donne
sujet , il fera connoître ses prétentions ,
& le danger qu'il y auroit à lui disputer
votre cœur. Mais il faut lui rendre justice : quoiqu'il traite ses rivaux avec
cette fierté , il parle de vous avec plus
de respect & d'admiration qu'on n'en a
jamais eu pour une femme. Ange &
Déesse sont des noms ausquels vous êtes
accoutumée dans son langage ; mais quoiqu'il les accompagne de l'air badin , que
vous lui connoissez , je suis sûr qu'il vous
admire sincerement. Mr. *Fenwick*, d'un
ton moins déterminé , ne laisse pas de
déclarer qu'il suivra vos traces , si votre
absence dure plus de quinze jours. Le
doux *Orme* n'exprime ses craintes que
par des soupirs , & demande au Ciel
que vos résolutions puissent changer.
Quoique sans esperance , dit-il , c'est une
extrême consolation pour lui de pouvoir
penser qu'il habite le même canton que
vous , & de jouir quelquefois de la satif-
faction de vous voir. Il s'étonne que
votre Grand-mere , votre Tante & votre
Oncle puissent vivre sans vous. Mr. &
Mme. Reves , ajoute-t'il , font trop heureux de l'ascendant que nous leur avons
laissé prendre sur notre famille. Enfin

chacun de vos Admirateurs craint de voir augmenter les obstacles avec le nombre de ses Concurrens : mais que leur importe ? n'ai-je pas fait difficulté de leur dire ; lorsqu'ils savent si bien que vous n'êtes portée à favoriser aucun des trois ?

Si vous persistez dans le dessein de partir, & qu'il n'y ait rien de changé au tems de votre départ, j'irai vous souhaiter un heureux voyage, & beaucoup de plaisir dans la ville, mais sur tout d'en revenir avec un cœur libre. Ma sœur, dont la santé continue de baisser, trouvera bon que je la quitte pour un devoir dont je ne veux pas être dispensé. Ne pensez point à venir ici. Vous seriez trop affligée de voir cette pauvre chere fille, dans l'état où elle est actuellement. Je sais combien vous êtes sensible aux infirmités de vos Amis, lorsque vous n'avez pas l'espérance de les guérir ; & toute votre famille faisant dépendre son bonheur de votre contentement, il y auroit de la cruauté à vous donner quelque sujet de tristesse.

Mr. Greville nous quitte à ce moment. Il étoit venu nous surprendre à diner. Il n'a parlé que de vous ; & ses menaces, comme je les ai nommées à lui-même, n'ont pas cessé, sur votre départ pour la ville. Après le dîner, il nous a fait la lecture d'une lettre de Mylady Trampton, qui vous regarde presqu'uniquement. Il nous a lû aussi quelques endroits d'une copie de sa réponse; dans l'opinion, je m'imagine, que je lui proposerois de me la laisser. C'est un homme fort vain, comme vous savez, & qui fait un cas extrême de tout ce qu'il écrit. Je lui ai demandé son papier. Il a paru craindre qu'il ne tombât sous vos yeux; mais j'ai penetré l'artifice. Cependant s'étant fait apporter une plume & de l'encre, il a rayé deux ou trois phrases; avec tant de soin, comme vous le remarquerez, qu'il s'est flatté qu'on ne pourroit les lire; mais l'encre que je lui avois fait donner étoit plus pâle que la sienne, & vous verrez que toutes ces précautions n'ont pas suffi. Je lui ai promis de lui renvoyer sa lettre.

J'attens de vous quelques lignes, par le Porteur, pour m'apprendre si votre résolution se soutient. Adieu, chere Henriette. Que le ciel vous protege & vous guide, dans quelque lieu que votre complaisance ou votre goût puisse vous porter.

LETTRE II.

(Enfermée dans la précédente.)

M. GREVILLE à Mylady TRAMPTON.

Northampton, 6 Janvier.

VOUS me demandez, Madame, un portrait fidele de la célebre Miss Byron, qui fait l'ornement de notre Province ; & vous voulez savoir s'il est vrai, comme vous l'avez appris, que l'Amour m'ait mis au nombre de ses Admirateurs particuliers. Cette distinction, Madame, est fort juste ; car il n'y a personne, assurément, qui puisse la voir sans l'admirer. Votre curiosité, dites-vous, ne regarde que sa figure ; & vous ajoutez que la plûpart des femmes donnent plus de soin à cette espece de beauté, qu'à celle de l'ame. Peut-être conviendrai-je du moins que l'une excite plutôt leur jalousie que l'autre. Mais qui pourroit représenter Miss Byron, & ne s'arrêter qu'à sa figure, lorsque tous ses traits sont vivifiés par une ame, qui leur fait annoncer toutes les perfections, & qui donne de la dignité à son air, à ses regards, à ses moindres mouvemens ？　　　　A iij

Personne au monde n'a plus de passion que moi pour la beauté. Jusqu'au moment où j'ai connu Miss Byron, j'étois du nombre de ceux qui ne considerent point d'autre avantage dans une femme. Sérieusement, je regardois toutes les qualités de l'esprit, comme inutiles, ou comme déplacées dans ce sexe. Vous savez, Madame, quelles libertés je m'accordois là-dessus, & vous m'en avez fait souvent des reproches. Une femme sage, une femme savante, me paroissoient des caracteres forcés, qui blessoient la nature. Je voulois que les femmes fussent tout amour, & rien de plus. Si j'y admettois un peu de prudence, c'étoit seulement ce qu'il en falloit pour distinguer l'homme sensé du sot ; & cela pour mon propre intérêt. Vous me connoissez de la vanité, Madame : mais toute charmante qu'est Miss Byron, je défie le plus sensuel de ne pas admirer son ame plus que sa figure. Quel triomphe pour Satan, ai-je souvent pensé en considérant ses perfections, sur tout à l'Eglise, s'il pouvoit rendre un homme capable de ravaller cet Ange, au rang des femmes ! Pardon, Madame. Souvenez-vous que j'ai la mauvaise habitude d'exprimer librement toutes mes folles idées.

La bonté du naturel se répand sur les traits les plus communs. Quel doit être son effet sur un beau visage ! Jamais femme ne fut d'un meilleur naturel que Miss Byron. C'est une qualité qu'on attribue à tout votre sexe , depuis l'âge de seize ans jusqu'à vingt , c'est-à-dire , pendant le regne des désirs & des sentimens ; mais elle est remarquable dans Miss Byron. On ne lui donneroit pas plus de dix-sept ans ; quoiqu'elle en ait presque vingt. Sa beauté , qui ne fait que s'épanouir , durera plus long-temps que si elle avoit été plutôt dans sa fleur. Cependant un air de prudence, qui frappe dans son aspect , lui a donné , dès l'âge de douze ans , une véritable distinction , qui annonçoit ce qu'elle devoit être dans un âge plus avancé. Aussi cette beauté dominante , qui éclate sur son visage & dans toutes ses maniéres , est-elle accompagnée d'une dignité naturelle,dans tout ce qu'elle dit & tout ce qu'elle fait , qui malgré le mélange d'une aimable franchise , à laquelle on reconnoît la supériorité de son ame sur celles de la plûpart des autres femmes de son âge , étouffe dans les plus hardis toute espérance d'une familiarité trop libre. Sur ma foi, j'ignore comment elle s'y prend ; mais je ne dis

A iiij

rien que je n'éprouve. Elle badine , elle
raille avec fineſſe ; & je ne puis lui rendre ſes plaiſanteries. L'amour , dit-on ,
releve ce qu'on adore. C'eſt peut - être
ce qui me tient en bride.

A préſent , doutez-vous , Madame ;
de ma réponſe à votre ſeconde queſtion ,
ſi l'amour m'a mis au rang de ſes Admirateurs particuliers ? J'y ſuis ; & le diable
m'emporte ſi je puis m'en défendre. Cependant je ne ſuis point encouragé ; &
perſonne ne l'eſt , c'eſt ma conſolation.
Fenwick en tient plus que moi , s'il eſt
poſſible. Notre connoiſſance a commencé par une querelle à cette occaſion , & vous en avez ſu les ſuites. Mais
à préſent nous ſommes Amis jurés. Chacun eſt convenu de tenter fortune , par la
patience & la perſéverance;d'autant plus
que l'un n'a pas plus à ſe louer de ſon
bonheur que l'autre. (a) ” A la verité ,
” nous avons fait abandonner le terrein
” à quelques douzaines d'autres Admira-
” teurs. Le pauvre Orme ne laiſſe pas de
” tenir bon. Mais il nous cauſe peu d'in-
” quiétude , c'eſt un *Larmoyeur* ; & quoi-
” qu'il ait une ouverture par ſa ſœur ,
” qui voit ſouvent Me. Selby, & qui étant

______

(a) Ce qui ſuit eſt un des endroits que Mr.
Greville s'étoit efforcé de rayer.

» fort eſtimée dans cette maiſon lui rend
» apparemment le bon office d'entrete-
» nir Miſs Byron de ſes ſentimens, nous
» ne craignons point une flamme, qu'il
» éteindroit par ſes larmes avant qu'elle
» puiſſe nous troubler, quand il ſeroit
» aſſez heureux pour la faire naître. Vous
» aimez, vous autres femmes, qu'un
» homme faſſe le plaintif autour de vous;
» mais je n'ai point encore vû que dans
» la concurrence d'un Amant vif & d'un
» doucereux, la préférence ait été pour
» le ſecond.

Je dois néanmoins cette juſtice à Miſs
Byron, qu'avec le ſecret qu'elle a de ſe
faire reſpecter, ſa politeſſe eſt extrême,
& qu'aucun de ſes Amans ne peut l'ac-
cuſer d'orgueil ni de cruauté. Tout ce
que j'appréhende eſt qu'une ſi parfaite
égalité d'ame ne rende l'entrée de ſon
cœur fort difficile à l'amour. Elle atten-
dra du moins qu'il ſe préſente quelqu'un
d'auſſi parfait qu'elle, & dont le caractere puiſſe juſtifier ſon goût. Ma crainte
vient d'une converſation que j'ai eue
avec Madame Sherley, ſa Grand-mere.
Cette Dame qui fait l'honneur de la
vieilleſſe, m'a laiſſé entendre que les objections de ſa petite fille, contre Fenwick
& contre moi, venoient de quelques diſ-

cours libres, qui nous échappent quelquefois, quoique la mode en soit peut-être établie dans le monde & que la plûpart des
femmes n'en ayent pas plus d'aversion
pour ceux qui s'accordent ces libertés.
Mais quelle est donc son objection
contre Orme ? C'est assurément un Ani-
mal fort reservé.

Miss Byron n'avoit que huit ans, lorsqu'elle perdit sa Mere. On prétend que
c'étoit aussi une excellente femme, &
qu'elle mourut du regret d'avoir perdu
son mari. Elle ne lui survécut que six
mois. Rare exemple ! La Grand-mere &
la Tante, que la jeune personne respecte
à l'excès, déclarent qu'elles ne veulent
pas se mêler de son choix. Lorsqu'on sol-
licite leur faveur auprès d'elle, elles ré-
pondent constamment qu'il faut commencer par obtenir l'approbation de
leur Henriette, & que leur consentement est prêt. Elles ont autour d'elles,
un M^r. Deane, d'excellent caractere pour
un homme de Robbe ; mais, à la vérité,
une bonne succession, à laquelle il ne s'attendoit point, lui a fait quitter sa profession. Il est Parrein d'Henriette, qui l'appelle son Papa, & toute la maison a
beaucoup de confiance à ses lumiéres.
Je me suis adressé à lui. Mais sa réponse

eſt la même ; ſa fille Henriette doit choi-ſir. Toutes les propoſitions de cette na-ture doivent venir d'elle.

Et pourquoi déſeſpererois-je de réuſſir auprès d'elle-même ? Moi, Greville, qui n'ai rien de mépriſable dans la figure ; à qui l'on accorde du moins l'air aiſé ; jouiſ-ſant d'un bien conſiderable, avec des eſ-pérances qui le ſont encore plus ; moi qui chante, qui danſe, qui me mets d'aſſez bon goût, & qui air eçu en partage une honête portion d'aſſurance, ce qui me fait paſſer pour un joli homme aux yeux de mille au-tres femmes : Elle, âgée de 20 ans, avec une fortune qui ne paſſe point douze ou quinze mille livres ſterling, car la meil-leure partie du bien de ſon Pere, qui étoit beaucoup plus conſiderable, eſt paſſée dans une autre branche, faute d'héritiers mâles ; n'attendant d'ailleurs que cinq cent livres ſterling de rente après ſa Grand-mere; & quoique ſon Oncle Selby ſoit ſans enfans, & qu'il ait beaucoup d'affection pour elle, il a de ſon côté des neveux & des niéces qu'il aime auſſi ; car cette Henriette eſt la niéce de ſa femme.

Je ne deſeſpere de rien. Si la réſolu-tion, ſi la perſévérance ont quelque pou-voir, & ſi Miſs Byron eſt une femme, elle ſera Madame Greville. Je l'ai dit à ſa

tante Selby, je l'ai dit à son oncle, je
l'ai dit à sa cousine Lucie, qui est digne
de toute l'amitié qu'elle a pour elle, &
je n'ai pas fait difficulté de le dire vingt
fois à elle-même.

Mais, pour venir à la description de
sa figure.... Que je meure, si je sais
par où commencer! Elle est universelle-
ment charmante. Ne l'avez-vous pas entendu dire à tous ceux qui l'ont vûe?
Sa taille.... Commencerai-je par sa
taille? On ne peut pas dire qu'elle soit
grande, mais elle est un peu au-dessus
de la moyenne. Nous autres jeunes Anglois, qui avons couru le monde, nous
faisons peu d'attention aux tailles d'Angleterre & nous leur préférons la né-
gligence Françoise. J'observe en passant
que les Dames étrangeres ont raison, de
ne pas rechercher une perfection à laquelle il leur est impossible d'atteindre.
Si nous sommes raisonnables aussi, d'entrer là-dessus dans leur goût, c'est'une
autre question. Mais quelque parti qu'on
prenne là-dessus, il y a tant de dignité
& d'agrément dans le port, dans l'air &
dans tous les mouvemens de Miss Henriette Byron, que les belles tailles seront
toujours en honneur dans le lieu qu'elle
habitera, au jugement des Etrangers

comme à celui des Anglois.

Sa peau eſt d'une blancheur & d'une fineſſe admirable : je me ſuis attaché quelquefois à conſiderer ſa peau, juſqu'à m'imaginer que je voyois couler ſon ſang avec une douce égalité, au travers de ſes veines tranſparentes. Son front s'ouvre avec une nobleſſe, qui ſemble allier ſenſiblement la dignité & la modeſtie, & qui frape, à la ſeule vûe, d'une ſorte de reſpect, accompagné d'un délicieux plaiſir. Ne m'en demandez pas d'autre deſcription. Chaque trait, en un mot, eſt à l'épreuve de la plus fine critique ; & tout ſon viſage, & ſon cou, ſi admirablement placé ſur deux épaules les mieux proportionnées du monde... Que je periſſe, ſi tout pris enſemble, je ne la crois pas la plus parfaite beauté qu'on ait jamais vûe. Mais une autre perfection qui lui eſt particuliere, & qui la diſtingue de toutes les femmes d'Angleterre, car il faut confeſſer qu'elle eſt plus commune en France, c'eſt cette eſpece de grace que les François nomment phyſionomie, & qu'on pourroit fort bien appeller *Expreſſion*. Quand ſa taille, ſon port, ſa peau & tous ſes traits ne ſeroient pas auſſi parfaits qu'ils le ſont, cette ſeule grace, cette ame qui tranſpire de toutes les parties de ſon aimable viſage, joint à l'air aiſé & gracieux de ſes moin-dres mouvemens, forceroit tous les yeux de l'admirer.

Entrerai-je dans une deſcription plus détaillée ? Oui, j'y veux entrer, au riſ-que de n'en pas ſortir aiſément. Ses joues .... je n'ai jamais vû de joues d'une ſi belle forme , relevées comme elles ſont d'un teint raviſſant , qui mar-que une parfaite ſanté. Le moindre ſou-rire y creuſe deux foſſettes charmantes. Avec tant de raiſons d'être contente d'elle-même & de tout ce qui l'environ-ne , car elle eſt l'idole de ſa famille , je m'imagine que depuis l'enfance ſes traits n'ont jamais ſouffert d'altération : un pli, j'en ſuis ſûr , ne pourroit habiter un inſtant ſur ſon viſage. Plût au Ciel que j'euſſe aſſez de pouvoir ſur ſon cœur, pour troubler quelquefois cette ſerenité ! Sa bouche .... il n'y en eut jamais de ſi divine. Mais quel ſujet de s'en étonner ? Des lévres ſi vermeilles,des dents ſi égales & ſi blanches , donneroient de la beau-té à toute autre bouche. Son nez ajou-te une nouvelle dignité à ſes autres traits. Son menton eſt tourné avec une grace inexprimable, & s'abaiſſe par une foſſette preſqu'imperceptible ; ſes yeux .... Ah,

Madame, ſes yeux ! Bon Dieu quel éclat ! cependant il eſt doux, ſans aucun mélange de fierté. Que j'ai ſouvent mepriſé, dans les Poëtes, ces deſcriptions forcées des yeux de leurs Héroïnes ! Mais en accordant quelque choſe à la licence Poëtique, je leur pardonne, depuis que j'ai vû les yeux de Miſs Henriette Byron. Ses cheveux ſont un ornement, qui ne demande aucun ſoin. Toutes les boucles en ſont naturelles. L'art ne prête rien au luſtre qu'ils communiquent à toutes ſes autres beautés. J'ai parlé de ſon cou . . . ci je n'oſe me fier à moi. Incomparable fille ! Tout en eſt mille fois plus charmant qu'on ne peut ſe l'imaginer. Ses bras . . . . vous avez quelquefois remarqué ma paſſion pour de beaux bras. En vérité, Madame, les vôtres mêmes ne l'emportent pas ſur les ſiens. Ses mains ont toute la perfection que les plus grands Peintres peuvent donner à des mains : quels doigts ! Ils ſont accoutumés à manier la plume, l'éguille, le pinceau, les touches du Clavecin, & tout avec la même excellence. O Madame ! les femmes ont une ame, j'en ſuis à préſent très-convaincu. Me pardonnerez - vous d'en avoir douté, & d'avoir penſé long-tems qu'elles pouvoient n'avoir été données à l'homme que pour des usages passagers ?

N'ai-je pas entendu chanter Miss Byron ? Ne l'ai-je pas vûe danser ? Mais, corps & ame, elle est toute harmonie. S'il est question de lecture & de sçavoir acquis, quelle femme à cet âge.... Mais vous avez connu M. Sherley, son Grand-Pere. C'étoit un homme d'un sçavoir universel, & qui avoit acquis dans le Commerce des Étrangers, autant de politesse que de lumieres. Sa fille a fait ses délices, depuis l'âge de sept ans, où elle étoit à son retour en Angleterre, jusqu'à quatorze, qui est à peu-près le tems où elle l'a perdu. Son éducation étoit l'amusement de cet habile & vertueux Précepteur. C'est entre ces deux âges, disoit-il souvent, qu'il faut jetter les fondemens du mérite & de la bonté dans les personnes de ce sexe, parce que delà elles passent tout d'un coup à l'état de Femmes. Il ne pensa point à lui faire apprendre les Langues mortes, dans la crainte de surcharger une Plante si foible; mais il prit plaisir à la perfectionner dans le François & l'Italien. Depuis la perte d'un Pere si respectable, qui fut suivie de celle de sa Mere, elle a tiré aussi beaucoup d'avantages du commerce de sa Grand-Mere & de Madame Selby, sa

Tante paternelle ; deux Dames d'un mérite si distingué, que leurs leçons & leur exemple pourroient suppléer aux présens de la nature, dans une jeune personne qui les auroit reçus avec moins de profusion.

Je vous l'avois dit, Madame, qu'en faisant le portrait de Miss. Byron, il étoit bien difficile de se borner à sa figure. Mais quelle horrible crainte vient me troubler ? Suis-je bien certain de n'avoir pas fait l'éloge de la femme d'autrui ? Nous avons dans ce quartier une de ses Cousines, une Madame Reves de Londres, qui est une femme du bel air, & que ma maudite Etoile n'a conduite ici, que pour emmener cette Henriette avec elle, dans un monde que je redoute beaucoup. Femmes ! Femmes ! Pardon, Madame ; mais quel Ange de vingt ans est à l'épreuve de la vanité ? Au moment que Miss Byron paroîtra, l'éclat de ses charmes va se répandre. Mille nouveaux Prétendans vont s'assembler autour d'elle ; & qui sçait si quelque heureux Petit - maître n'éblouira point une fille qui mérite une Couronne ? Malheur au Téméraire, quel qu'il puisse être, dont les prétentions oseront croiser les miennes avec quelque apparence de succès. En vous demandant grace pour cette saillie, je ne puis vous dire, Madame, qu'elle ne soit pas partie du cœur, de votre très-humble, &c. GREVILLE.

LETTRE III.

Miss HENRIETTE BYRON, à Miss LUCIE SELBY.

Au Château de Selby, 16 Janvier.

JE vous renvoye sous cette enveloppe, ma chere Lucie, l'étrange Lettre de Mr. Greville. Comme vous la lui avez demandée, il ne doutera point que vous ne me l'ayiezcom muniquée. Je conclus que s'il s'en informe, le meilleur parti est de lui en faire l'aveu. Mais alors, il voudra savoir ce que j'en ai pensé ; car il sait que je n'ai rien de caché pour vous.

Dites-lui donc, si vous le jugez à propos, que je suis beaucoup plus mécontente de son impétuosité, que sensible à ses flatteries. Dites-lui qu'il est fort dur pour moi, tandis que mes plus proches Parens me laissent ma liberté, qu'un homme à qui je n'ai jamais donné sujet de me refuser le respect qu'il doit à mon

fexe, prenne le droit de me menacer, &
de cenfurer ma conduite. Demandez-lui
quels font fes prétextes, pour me fuivre à
Londres, ou dans tout autre lieu ? Si je
n'avois pas déja quelques raifons, pour
me renfermer, à fon égard, dans les
civilités du voifinage, il m'en fourniroit
aujourd'hui de très-fortes. L'Amant, qui
eft capable de menacer, ne peut faire
qu'un mari tyranique. Ne le penfez-vous
pas, ma chere Lucie ? Mais n'allez
pas jufqu'à lui faire des fuppofitions d'a-
mour & de mariage. Les hommes de fon
caractere expliquent tout en leur faveur,
& prennent l'ombre pour une réalité.

Une femme, qui fe voit fi fort exaltée
au-deffus de ce qu'elle peut mériter, n'a-
t'elle pas raifon de craindre que fi le Flatteur devenoit fon mari, elle ne tombât
beaucoup dans fon opinion, lorfqu'elle
lui auroit donné le pouvoir de la traiter
fuivant ce qu'elle vaut ; je dis même en
fuppofant qu'il foit affez aveuglé par fa
paffion, pour n'être pas abfolument de
mauvaife foi dans fes complimens ? En
vérité, je méprife & je redoute également
les Flatteurs. Je les méprife pour leur
fauffeté, s'il ne croyent pas eux-mêmes
ce qu'ils ont l'effronterie de dire ; ou pour
leur extravagance, s'ils peuvent fe per-

suader tout ce qu'ils difent. Je les redoute, par une jufte défiance de moi-même, qui me fait craindre que leurs difcours ne foient capables, comme ils doivent fe le promettre dans la premiere de mes deux fuppofitions, de m'infpirer une vanité qui me ravalleroit fort au-deffous d'eux, & qui leur donneroit fujet de fe faire un triomphe de ma folie, dans le tems même que je ferois le plus enflée de ma propre fageffe. En un mot les grands complimens me révoltent toûjours, & me forcent de rentrer auffi-tôt dans moi-même. Qui n'a pas quelque chofe à redouter de fon amour propre ? Je ne doute nullement que Mr Greville n'ait fouhaité que je viffe fa Lettre ; & cette idée me donne une forte d'indignation contre moi-même. Il femble que cet homme-là ait découvert, dans ma conduite, quelques fautes que je ne me pardonnerois pas fi je les connoiffois, & qui lui ont donné l'efpérance de réuffir en me traitant comme une folle.

J'efpere que lui & les autres ne me fuivront point à la ville, comme ils paroiffent m'en menacer ; & s'ils le font, je ne les verrai affûrément que lorfqu'il me fera impoffible de les éviter. Cependant leur marquer là-deffus de l'inquiétude, ou

les prier de se dispenser du voyage, ce
seroit me mettre dans le cas de leur avoir
obligation de la complaisance qu'ils auroient pour mes volontés. Il ne me
convient point de leur faire des loix dans
cette occasion, puisqu'ils mettroient leur
soumission à trop haut prix, ou qu'ils seroient peut-être capables de se faire un
mérite de leur passion, pour me refuser.

Cependant, je ne puis supporter de
les voir obstinés à suivre ainsi tous mes
pas. Ces hommes, ma chere, pour peu
d'avantage que nous leur donnassions sur
nous, exerceroient plus de tyrannie sur
notre liberté que nos plus séveres Parens;
& sans autre motif réel que leur propre
satisfaction : au lieu que nos Parens les
plus despotiques n'ont en vûe que notre
bien, quoique leurs imprudentes filles
ne se le persuadent pas toûjours. Combien n'en voit-on pas néanmoins qui se
laissent entraîner fort loin de leurs intentions, ou du moins fort loin de leur devoir, par ces prétendus Amans, tandis
que leur résistance est invincible à toutes
les volontés de leurs Parens ? O ma
chere ! Qu'il seroit à désirer pour moi,
d'avoir heureusement passé les huit ou
dix années de ma vie dans lesquelles je
vais entrer, du moins si je ne trouve

pas, dans l'intervalle, un homme capable de fixer tous les fentimens de mon cœur ! Puiffent-elles paffer auffi heureufement que les quatres dernieres, qui n'étoient pas moins importantes ! Se voir en état de promener fa vûe, du fommet d'une élévation de trente ans, être bien établie dans fes principes, n'avoir aucune folie effentielle à fe reprocher ; quel bonheur !

Le départ de ma Coufine Reves eft fixé ; l'indulgence de mes chers Parens ne ceffe point, & je fuis toûjours dans la même réfolution. Mais je ne partirai point fans avoir vû ma chere Nancy. Quoi ? Je m'engagerois dans une partie de plaifir, & j'emporterois le chagrin de penfer que j'ai laiffé dans les fouffrances une chere Malade, avec de juftes raifons de croire que j'ai appréhendé de me donner un peu de peine, tandis que je fuis fûre de pouvoir foulager du moins fon cœur, par les tendres confolations de l'amitié ? Non, ma Lucie, croyez-moi ; quand je n'aurois pas affez de générofité, j'ai affez d'amour propre pour ne pas m'expofer aux tourmens d'un remord fi vif. Ainfi comptez de voir bien-tôt votre

HENRIETTE BYRON.

LETTRE IV.

Miss Byron à Miss Selby.

A Londres , 24 Janvier.

NOus arrivons. Il n'a rien manqué à l'agrément de notre voyage. Vous vous imaginez bien que M^r. Greville & M^r. Fenwick étoient à notre premiere pause. Ils avoient eu soin de nous tenir un dîner prêt. Mais ils vous rendront compte eux-mêmes de toutes leurs attentions.

Ils ont renouvellé tous deux la menace de me suivre à Londres , si je m'y arrête plus d'un mois. C'est porter fort loin la bonté. Vous voyez que leurs quinze jours sont prolongés du double.

Monsieur Fenwick , ayant trouvé l'occasion de m'entretenir seule pendant quelques minutes , m'a conjurée de l'aimer. M^r. Greville m'a pressée, avec les mêmes instances, de lui déclarer que je le hais. Cette déclaration , m'a-t'il dit , est tout ce qu'il désire à présent. Il est bien étrange , a-t'il ajouté, qu'il ne puisse obtenir de moi, ni de l'amour, ni de la haine ; c'est un singulier Personnage.

J'ai tourné ſes plaintes en badinage, avec ma liberté ordinaire ; & je lui ai répondu que ſi j'étois capable de haïr quelqu'un, il ſeroit l'homme du monde que je ferois moins ſcrupule d'obliger ſur ce point. Il m'a fait de vifs remercimens.

Ces deux Meſſieurs paroiſſoient tentés de nous accompagner plus loin. Mais, comme ils ne ſont jamais hors de leur route, l'envie leur ſeroit venue d'aller juſqu'à Londres, & par dégrés, nous les aurions eus ſur les bras pendant tout le ſéjour que j'y dois faire. En remontant dans notre voiture, je les ai preſſés fort ſérieuſement de nous quitter. Fenwick… mon Ami… a dit Greville, il faut retourner, ſur nos pas ; Miſs Byron prend ſon air grave. La gravité, ſur ſon viſage, eſt un langage aſſez clair pour nous. Ils ont pris congé tous deux fort reſpectueuſement. Je les ai remerciés néanmoins de la civilité qui les avoit conduits ſur notre paſſage, & principalement de la bonté qu'ils avoient de nous quitter. Principalement, a répeté Greville: Ah ! Mademoiſelle, que vous en eût-il coûté pour nous épargner cette rigueur ! Viens, Fenwick, a-t'il dit à l'autre, retirons-nous ; joignons nos malheureuſes têtes enſemble, pour vivre encore un peu, du plaiſir que nous

venons

venons de goûter ; & puis nous pren-
drons le parti de nous aller pendre.

Il a fallu que notre voiture ait paffé,
comme vous favez, devant la porte du
Parc de Mr Orme. Il y étoit, fur le
bord même du grand chemin. Je ne l'ai
apperçu que de fort près. Il nous a fait
une révérence jufqu'à terre, avec un air
de triftefle qui m'a touchée. Le pauvre
Mr Orme ! J'aurois fouhaité de pouvoir
lui dire un mot en paffant ; mais les chevaux alloient fi grand train ! Pourquoi
marchoient-ils fi vite ? Cependant j'ai re-
mué la main, & j'ai panché la tête hors du
caroffe autant que je l'ai pû, pour le faluer.
O Mifs Byron ! S'eft écriée là-deffus Mme
Reves ; c'eft Mr Orme, je n'en doute
plus, c'eft lui qui eft l'heureux Mortel.
J'ai répondu que fi fa conjecture étoit
vraie, je n'aurois pas eu l'empreffement
qu'elle avoit remarqué. Mais il me femble que j'aurois été charmée de pouvoir
dire une fois, adieu Mr Orme ; car M^r
Orme eft un fort bon homme. Mon cœur
étoit encore attendri des adieux que j'a-
vois faits à ma chere famille ; & vous favez, ma chere, que dans cet état une
légere impreffion pénétre plus facilement

La maifon de M^r & de Mme Reves.
eft convenable à leur fortune, c'eft

à-dire , fort belle , & meublée dans le meilleur goût. Mme Reves , qui fait la paſſion que j'ai pour écrire , & qu'on attend de moi beaucoup de Lettres , m'a fait préparer une proviſion de papier, de plumes & d'encre. Elle m'a permis volontiers de prendre auſſi-tôt poſſeſſion de mon appartement, pour obéir à mes Amis, qui m'ont ordonné , comme vous ſavez , de leur donner de mes nouvelles au premier moment de notre arrivée, & de vous adreſſer ordinairement mes Lettres. Mais, dans un eſpace ſi court, que puis-je avoir à vous marquer ? Mon appartement eſt d'une élégance extrême. Un petit cabinet de Livres , fort bien choiſis, en fait le plus bel ornement pour moi ; à l'exception néanmoins de mes plumes & de mon encre , auxquelles je ne dois rien préférer , puiſqu'elles me doivent ſervir à procurer quelqu'amuſement au Château de Selby , par mon petit babil , qu'on y eſt accoûtumé à ſouffrir avec tant d'indulgence.

Je vous demande votre bénédiction , ma chere & reſpectable Grand-maman. Je vous demande la vôtre , ma bonne Tante Selby ; & la vôtre , mon cher & très-honoré Oncle, à qui mon abſence va peut-être ôter le plaiſir que vous preniez quelquefois, à tourmenter agréablement votre Henriette. Mais je ne me crois pas quitte de cette petite guerre dans l'éloignement.

Vous, ma chere Lucie, continuez de m'aimer, autant que je m'efforcerai de mériter votre affection ; & ne me laissez point ignorer l'état de notre chere Nancy. Mon cœur saigne pour elle. Je me serois crue tout-à-fait inexcusable, si j'étois venue passer trois mois à la ville, sans lui avoir répeté de ma propre bouche les assurances de mon amitié, & celles du vif intérêt que je prends à sa santé. Quel nouveau mérite elle tire de sa patience ! Que ses souffrances me la rendent chere ! Si je tombe jamais dans l'affliction, Ciel ! donnez-moi son aimable, sa vertueuse résignation à vos plus douloureuses épreuves.

Je suis, ma chere cousine, &c.

HENRIETTE BYRON.

LETTRE V.

Miss BYRON, à Miss SELBY.

25 *Janvier.*

VOUS me réjouiſſez beaucoup, ma chere, par l'eſpérance que vos nouveaux Médecins vous donnent, du rétabliſſement de notre chere Nancy. Que nos vœux puiſſent être bien-tôt exaucés !

On m'a recommandé trois choſes à mon départ ; la premiere d'écrire ſouvent, très-ſouvent, m'a-t'on répeté. Cet ordre n'étoit pas néceſſaire. Mon cœur eſt avec vous ; & les heureuſes nouvelles que vous me donnez de tout ce qui m'eſt cher au monde, le mettent dans une délicieuſe ſituation. La ſeconde, de vous nommer les perſonnes avec leſquelles je ſuis deſtinée à vivre dans cette grande ville, & de vous faire la peinture de leurs caracteres. En troiſiéme lieu, de vous apprendre, juſques dans l'origine, tous les ſoins, toutes les flatteries, & juſqu'aux témoignages muets de diſtinction, ſe ſont les termes de ma Tante, qui pourront être adreſſés à la jeune perſonne que vous honorez tous d'une si tendre amitié.

Vous souvenez-vous de la réponse que mon Oncle fit au dernier de ces trois articles ? Je veux la répéter ici, pour lui faire voir que ses bons avis ne seront point oubliés.

La vanité du sexe, dit-il à l'Assemblée, ne permettra point qu'il échappe rien de cette nature à notre Henriette. Les femmes, continua-t'il, se prodiguent si librement aux yeux du Public, dans toutes les parties de la ville, qu'on y cherche beaucoup plus à voir de nouveaux visages, qu'à jouir du plaisir d'en voir de beaux, pour lesquels l'admiration est usée par l'habitude. Henriette porte sur ses joues, avec la fleur de la jeunesse, une honnête simplicité, qui peut attirer sur elle l'attention qu'on a pour une Novice. Mais pourquoi lui remplir la tête, d'idées de conquêtes & de galanteries ? Les femmes, ajouta mon oncle, s'offrent dans les Assemblées publiques, en ordre & en rangs, comme dans un Marché. De ce que trois ou quatre Etourdis de notre canton paroissent avoir quelques vûes sur elle, comme des Marchands qui enchérissent l'un sur l'autre dans une vente, vous concluez qu'à Londres elle ne mettra pas le pied hors de sa porte, sans voir groſſir le nombre de ſes Courtiſans.

Mon Oncle ſe défioit donc de ma tête, & ne me croyoit pas capable de ſoutenir le vol que l'indulgence de mes autres Amis me faiſoit prendre. Il eſt vrai, ma chere Lucie, que notre ſexe n'a que trop de penchant à ſe croire flatté, par des apparences d'admiration de la part de l'autre; mais je me ſuis toujours efforcée de m'élever au-deſſus de ce fol orgueil, par les conſidérations ſuivantes. La flatterie eſt le vice commun des hommes. Ils ne cherchent à nous élever, que pour nous faire tomber dans l'abbaiſſement, & pour s'exalter eux-mêmes ſur la ruine de l'orgueil qu'ils trouvent en nous, & qu'ils ont l'art de nous inſpirer. Comme l'humilité brille avec plus d'éclat dans les hautes conditions, c'eſt aux femmes les plus expoſées à la flatterie, qu'elle fait auſſi le plus d'honneur. Celle qui s'enfle des louanges des hommes, ſur les avantages perſonnels qu'elles paroiſſent lui ſuppoſer, répond à leurs vûes, & ſemble reconnoître qu'elle doit ſa principale gloire à leur admiration; & c'eſt ſe rabbaiſſer autant qu'elle les reléve. Les femmes n'ont-elles pas reçu du Ciel une ame capable des plus hautes perfections? Pourquoi ſeroient-elles plus ardentes à cultiver celles du corps ? La fleur de la jeuneſſe dure peu d'années : pourquoi n'aſpirerions-nous pas à des biens dont la poſſeſſion donneroit de la dignité à notre vieilleſſe ? Nous ſerions toutes auſſi ſages, auſſi vénérables que ma Grand-maman. C'eſt un exemple pour nous, ma chere. Quelle femme eſt auſſi reſpectée, auſſi chérie, des jeunes gens & des vieux, que ma Grand-maman Scherley.

Pour commencer à remplir le ſecond de mes devoirs, il faut vous faire le portrait de quelques jeunes perſonnes de l'un & de l'autre ſexe, qui ſont venus faire leur compliment à Mme Reves ſur ſon retour. Miſs *Alleſtris*, fille du Chevalier de ce nom, a paru la premiere. Je l'ai trouvée très-jolie ; l'air aiſé, le caractere ouvert. Je crois que je l'aimerai. Miſs *Bramber* eſt la ſeconde. Elle eſt moins belle que Miſs Alleſtris ; mais, dans l'air & les manieres, elle ne manque point d'agrémens. Un peu d'empreſſement à parler ; c'eſt le ſeul défaut que je lui ai trouvé. Dans ſon ſilence même, elle paroiſſoit chercher à dire quelque choſe, quoiqu'elle eût épuiſé deux ou trois ſujets. Je lui reproche d'autant plus librement cette volubilité de langue, que M^r & Mme Reves ne l'ont pas remarquée ; comme

il l'auroient fait, s'ils n'y étoient pas ac-
coûtumés. Cependant il se peut que la
joie de revoir ses Amis ait ouvert ses lévres. Si je devine juste, pardon, chere
Miss Bramber ! Miss Sally, sa cadette, est
fort aimable, avec beaucoup de modestie;
un peu contrainte, peut-être, par la vivacité de sa sœur aînée. La différence
de leurs âges est de six ou sept ans ; de
sorte que Miss Bramber paroît regarder
sa sœur sur le pied de ce qu'elle étoit il y
a deux ou trois ans, car Miss Sally n'en a
pas plus de dix-sept. Ce qui me confirme
dans cette idée, c'est que la plus jeune
étoit beaucoup moins réservée lorsque sa
sœur s'éloignoit un moment ; & qu'à son
retour, elle recommençoit à fermer sa petite bouche, qui est réellement très-jolie ;
sans compter que l'autre ne la nommoit
jamais que mon Enfant, avec l'air du
droit d'aînesse ; & que l'autre disoit modestement ma sœur, d'un ton qui n'é-
toit pas éloigné du respect.

Deux hommes assez jeunes, qui don-
noient la main aux deux sœurs, étoient
Mr *Barnel*, neveu de Milady Allestris,
& Mr *Sommer*. Le second est marié nouvellement. Je lui ai trouvé beaucoup d'affectation dans les manieres, & tout l'air
d'un homme fort rempli de ses perfections.

Après son départ, j'ai dit à Mme Reves que je le croyois fort amoureux de lui-même. Elle en est convenue. Cependant cet excès d'amour propre est assez mal fondé : c'est un homme fort ordinaire, quoiqu'extrêmement recherché dans sa parure. Il paroit que sa femme étoit une veuve très-riche. Avant qu'elle l'eût rendu important à ses propres yeux en devenant amoureuse de lui, c'étoit un jeune homme assez modeste, qui n'avoit pas découvert en lui-même plus de mérite qu'on ne lui en reconnoissoit; & cette raison a fait pardonner à sa femme le goût qu'elle a pris pour lui. Mais depuis son mariage, il est devenu parleur, audacieux, décisif : il a mauvaise opinion de tout notre sexe ; & ce qu'il y a de pis, il n'en a pas une meilleure de sa femme, pour la préférence qu'elle lui a donnée.

Il a marqué beaucoup d'attention pour moi, mais de maniere à me faire penser que je devois me croire fort honorée de l'approbation d'un si bon juge.

Monsieur Barnel est un jeune homme, qui sera toûjours jeune, ou je suis trompée. Je ne l'ai pris d'abord que pour un Fat. Il a commencé avec affectation par quelques traits assez judicieux, quoique des plus communs. Une heureufe mémoire, qui rend capable de fe faire honneur de l'efprit d'autrui, eft une forte de mérite. Mais lorfqu'il a voulu marcher feul, il lui eft échappé bien des chofes qui ne peuvent fortir de la bouche d'un homme fenfé. Ainfi je prononce hardiment fur lui. Cependant, à juger par les feuls dehors, il peut paffer pour un de nos jeunes gens du bel air. Il fe met fort bien, & s'il a quelque goût, c'eft pour la parure : mais il ne l'ignore point, car il nous a vanté plufieurs parties de la fienne ; & lorfqu'il en a trouvé l'occafion, il eft toûjours retombé fur le même point. Ce qui achéve de le peindre pour moi, c'eft qu'auffi fouvent que la converfation a pris un tour férieux, il s'eft levé de fa chaife, en fredonnant un air Italien, quoiqu'il s'y entende fort peu ; mais il fembloit prendre plaifir au fon de fa propre voix. Cet admirable homme s'eft rappellé quelques magnifiques complimens, qu'il m'a fait l'honneur de m'appliquer, en paroiffant s'attendre que j'en prendrois meilleure opinion de moi-même. Je ne m'étonne point que les hommes en aient une fi mauvaife des femmes, s'ils nous croyent capables d'entendre avec plaifir tant de fottifes, hazardées fous le nom de complimens.

Nous avons eu, cet après-midi, la visite
de Miſs Stevens, fille du Colonel de ce nom.
Elle ſe reſſent du mérite de ſon pere, qui
paſſe pour un homme du premier ordre.
Je n'ai pas vû de phiſionomie plus inté-
reſſante, avec moins d'affectation. Ma
couſine Reves dit qu'elle a beaucoup de
lecture ; mais on ne s'apperçoit point
qu'elle en tire vanité. Elle étoit accompagnée de Miſs d'Arlington, qui eſt ſa
Parente, & qui a du talent pour la Poëſie.
A la priere de Mme Reves, Miſs d'Arlington nous a lû deux ou trois de ſes pro-
ductions. Comme elle n'y a conſenti
qu'après quelque réſiſtance, je ne ſais
s'il m'eſt permis d'en parler. L'une étoit,
ſur la ſéparation de deux Amans ; ſi tendre & ſi touchante, qu'il paroît que l'a-
gréable Muſe n'ignore pas les peines
qu'on peut reſſentir innocemment dans
cette occaſion. La ſeconde, qui étoit une
deſcription de l'Aurore & du lever du So-
leil, rend du moins témoignage qu'elle
aime à ſe lever matin. Je lui en ai demandé une copie, pour me confirmer
dans la même habitude ; mais elle me l'a
refuſée avec beaucoup de modeſtie. La
troiſiéme étoit ſur la mort d'une chere Fau-
vette, un peu trop pathétique à mon gré
pour l'occaſion ; car ſi Miſs d'Arlington

B vj

avoit le malheur de perdre le meilleur de
ſes Amis, il me ſemble que dans cette
piéce, qui eſt aſſez longue, le ſujet eſt
épuiſé, & qu'elle feroit obligée d'en em-
prunter quelques images. Je conçois qu'il
eſt difficile aux jeunes perſonnes, qui ſont
nées avec quelque génie, de régler leur
imagination. L'abondance de leurs idées
les emporte ſouvent au-delà de leur ſujet;
& pour vouloir tout dire, elles ne diſent
pas ce qui convient. Mais, à tout prendre, j'ai trouvé la piéce fort jolie.

Jeudi 26.

Nous eûmes hier à ſouper Mylady
Pen Williams. (a) C'eſt une femme très-
agréable, veuve d'un homme eſtimé, &
proche Parent de Mr Reves. Son âge
paroît d'environ quarante ans. Elle a pris
beaucoup d'affection pour moi ; & pour
commencer notre liaiſon, elle veut être de
toutes les parties de plaiſir où je me trou-
verai engagée. Elle obſerva que ceux qui
connoiſſent bien les grandes villes, ſe font
une fête d'y accompagner les Etrangers.
Les nouvelles remarques, & les com-

____

(a) *Pen*, qui ſe prononce *Penne*, eſt un petit
nom pour Pénélope.

paraifons qu'ils entendent, l'étonnement dont ils font témoins, le goût qu'ils voyent prendre pour ce qui mérite de l'eftime ou de l'admiration, leur forment un très-agréable amufement ; & les obfervations d'une jeune perfonne, telle que moi, ne lui promettoient pas moins d'utilité que de fatisfaction. Je la remerciai de fon compliment, par une fimple révérence. Je n'oppofe jamais rien aux civilités de cette nature. Ce feroit faire entendre qu'on les croit finceres, ou même qu'on s'en croit digne, & qu'on cherche le plaifir de fe les faire répéter ; & quoiqu'en dife Mr Greville, on n'eft pas toujours fecourue par cette jolie confufion, par cette rougeur d'un moment, qu'il prétend que les femmes ont comme à la main, lorfqu'elles affectent de rejetter les louanges qu'on leur donne. Mylady Pen eut la bonté de s'en tenir-là ; quoique les mufcles de fon agréable vifage paruffent prêts à faire leur office, pour peu que je les y euffe excités par le défaveu du mérite qu'elle m'attribuoit. Qu'en dites-vous, ma chere? Ne fuis-je pas une plaifante fille ? Mais je n'en penfe pas plus mal de Mylady Williams. On doit me mener à la Mafquarade, au Ridotto ; & dans la faifon, à

Vauxhall & à Renelagh. Les Bals parés, les Concerts, les Assemblées de jeu auront leur tour ; & pour me préparer à cette derniere sorte de plaisirs, on veut me faire apprendre tous les jeux à la mode. Ma Grand-maman se seroit-elle attendue, il y a vingt ou trente ans, à vivre assez pour s'entendre dire qu'avec le Maître de Musique & le Maître à Danser, le bel usage demande un Maître de Jeu, pour achever l'éducation des femmes ? Mylady Pen s'offre à me servir de guide dans toutes ces parties.

A présent, chere Lucie, ne répéterez-vous pas la priere que vous avez déja faite au Ciel, de me voir revenir avec un cœur sain ? & ne tremblez-vous pas que je ne devienne une jolie femme, dans le goût moderne ? Pour cette derniere crainte, je répondrai, lorsque vous commencerez à me soupçonner : si vous trouvez que je préfere le plus brillant de tous ces plaisirs & l'Opéra même, malgré la passion que j'ai pour la Musique, à une bonne Piéce de notre favori *Shakespear*, alors, ma Lucie, que votre cœur s'afflige pour votre Henriette ; craignez alors qu'elle ne se soit laissée gagner à l'esprit de légéreté, qu'elle ne soit prise par les yeux & les oreilles, que son cœur ne soit in-

fecté par le goût moderne, qu'elle n'ait
conçu même une pernicieuse paſſion pour
le jeu, & que pour ſoutenir ſes extravagances elle ne penſe à faire le malheur
de quelqu'honnête homme en l'épouſant.

Un mot ſur mes affaires domeſtiques.
James, le ſeul Laquais que j'ai amené,
ſe dégoûte déja de la ville & veut retourner au château de Selby. Je n'aime pas à
voir autour de moi, un homme qui s'y déplaît. Ainſi je lui ai promis de le renvoyer;
mais comme c'eſt d'ailleurs un garçon fort
ſage, j'eſpere que ma Tante ne le congé-
diera point à cette occaſion. Il s'en eſt déja
préſenté pluſieurs; & dans le principe où
je ſuis, qu'un Maître doit répondre
du caractere de ceux qui le ſervent, je
ne ſuis pas peu embarraſſée pour le choix.
Je ne penſe pas comme ce grand Miniſ-
tre, qui donnant quelquefois la préférence à des gens qui ne la méritoient pas,
apportoit pour raiſon de cet excès de
bonté, qu'il vouloit être l'Ami de ceux à
qui perſonne ne vouloit accorder d'a-
mitié. C'eſt porter l'indulgence trop
loin, & ne pas conſidérer que le Méchant
qu'on protége, emporte la récompenſe
qui eſt dûe à l'honnête-homme. M^r & Mme
Reves ont tant de bonté pour moi, &
leurs Domeſtiques ſont ſi diſpoſés à m'o-

bliger, que je ne rifque pas beaucoup à prendre quelques jours pour faire un bon choix.

Il eſt tems de finir une ſi longue Lettre, Je me ferois foupçonner de craindre que tous mes chers Parens, mes Amis, mes Bienfaiſteurs ne foient pas aſſez perſuadés de mon tendre attachement & de mon reſpeſt, ſi je recommençois chaque fois à les aſſûrer des mémes fentimens. Suppofez donc que cette aſſûrance eſt toûjours renfermée dans celle de la parfaite affeſtion avec laquelle je fuis & veux toûjours être, ma chere Lucie, voire, &c.

HENRIETTE BYRON.

LETTRE VI.

Miss Byron à Miss Selby. (a)

31 Janvier.

VOUS ne vous attendiez pas, ma chere, que l'occasion se présentât sitôt d'obéir au troisiéme ordre que j'ai reçu de vous & de toute ma chere famille, & j'étois fort éloignée aussi de m'y attendre ; cependant un jeune homme, d'une naissance & d'une fortune assez considérables, a déja commencé à me regarder avec distinction. Pour ne pas vous causer d'impatience par un prologue inutile, son nom est *Fouler.* Il jouit d'un bien fort honnête, par la mort de son Pere & de sa Mere ; avec d'amples espérances du côté d'un vieil Oncle du pays de Galles, qui se nomme le Chevalier Roland Meredith, & qui se trouve chargé d'une Commission de sa Province à la Cour.

Il paroît que Sir Roland a fait une loi à son Neveu, sous peine de sa disgrace,

___

(a) On suprime ici quelques Lettres inutiles.

de ne pas ſe marier ſans ſon approbation; qu'il ne donnera jamais, dit-il, ſi la Demoiſelle n'eſt de très-bonne famille, & ne joint une excellente éducation à une fortune raiſonnable. Il veut une réputation ſans tache, la théorie des devoirs domeſtiques, & le tour d'eſprit qui fait que dans l'occaſion une femme n'a pas honte de la pratique. Cependant comme ſon Neveu doit être riche, il déclare que la fortune eſt le moindre des avantages qu'il déſire dans ſa Niéce; qu'il lui ſouhaiteroit ſeulement huit ou dix mille livres ſterling, afin qu'il ne paroiſſe pas que ce ſoit purement un mariage d'amour, comme ſi ſon Neveu avoit moins conſulté ſon jugement que ſes yeux. Lorſqu'une fille, dit-il, a cette dot, c'eſt une preuve que les Parens dont elle ſort ſont honêtement établis, & qu'elle n'aura pas trop d'obligation à l'homme qu'elle épouſe. Vous voyez que ce n'eſt pas la prudence qui manque au vieux Chevalier. Mais j'oubliois une des principales conditions. Sa future Niece doit être une belle femme. On dit qu'il ſe fait honneur d'aimer les beaux Chevaux & les beaux chiens, & qu'il fait des comparaiſons polies entre les Animaux plus ou moins nobles. Lui-même, comme vous en jugerez par ſa ſingularité,

eſt un vieux Garçon, qui n'ayant jamais
été marié, s'imagine qu'on fera une femme exprès pour ſon Neveu, & qui inſiſte,
avant que de la connoître, ſur des qualités dont il ne trouvera peut-être pas une
ſeule dans ſa Niéce.

Monſieur Fouler m'a vûe, pour la premiere fois, chez Mme Reves. Je ne puis
dire qu'il ait rien de déſagréable dans la
figure ; mais il me ſemble qu'il n'a point
l'ame que je ſouhaiterois, dans un homme
à qui je dois faire vœu d'amour & d'honneur. Je ne veux me marier, que pour
être une très-bonne & très-honête femme.
Ne dois - je pas jurer l'obéiſſance ? Et
m'expoſerois-je à violer mon ſerment ?
Il n'y a donc point de conſidération qui
puiſſe me faire prendre un homme, dont
le peu d'eſprit & de jugement ſoit capable
de me faire chanceller dans l'obſervation
de mon devoir, & qui ne ſuivant peut-
être que les caprices d'un eſprit borné,
me donneroit des ordres auxquels ma
raiſon ne me permettroit pas d'obéir.
Il eſt doux & honorable pour une femme, de ſoumettre ſon jugement, dans
les choſes même indifférentes, à celui d'un homme qui a plus de ſageſſe &
d'eſprit qu'elle ; mais ſi ces qualités manquent à ſon Mari, elle eſt portée à douter

du moins de quel côté est la raison ; & ce
doute est le premier pas vers la diminu-
tion du respect , qui entraîne à sa suite la
désobéissance & la révolte.

Je remarquai tout d'un coup que M.
Fouler me regardoit avec distinction.
Une femme, diroit ici mon Oncle , est
toujours prompte à faire les découvertes
de cette nature. Mais, à table où nous
étions , tout le monde s'en apperçut. Il
revint le jour suivant ; & sans faire la
moindre question sur ma fortune, il s'ouvrit à Mr Reves , en lui demandant sa
protection. A la vérité il n'oublia pas ses
propres avantages ; & je ne lui en fais
pas un reproche , puisque personne ne
les lui dispute. Mais où est l'homme riche,
qui ne commence pas , dans ces occa-
sions , par l'étalage de son bien ; tandis
que celui qui ne l'est pas éloigne autant
qu'il peut cette fâcheuse idée , & se re-
tranche sur l'amour , qui est son seul cri

Monsieur Reves, qui a fort bonne opi-
nion de Mr Fouler, lui répondit qu'il me
croyoit le cœur libre , & que je n'avoi
pas d'autre dépendance que celle du respect , pour des Parens , à qui je tenoi
plus étroitement par ce lien que par celui de l'intérêt. Il loua mes bonnes qualités , c'est-à-dire , mon humeur & m

franchife naturelle , la derniere au de-
pens de mon fexe ; de quoi je l'ai peu re-
mercié lorfqu'il m'a fait ce récit. En un
mot, il l'informa de tout ce qu'il jugea
néceffaire , & de plufieurs chofes même
qui ne l'étoient pas , telles que la confiance & la bonté qui portent mes Parens
à fe repofer de mon choix fur moi-même;
mêlant à ce détail une infinité d'éloges,
qui ne peuvent être excufés que par l'excellence de fon cœur , & par une partialité affez claire en faveur de fa Coufine.
Cette condefcendance de ma famille, à fe
rapporter de tout à moi dans une affaire
de cette nature , parut allarmer Mr. Fouler. Les occafions & les offres , répondit-
il , n'ayant pû manquer d'être extrêmement fréquentes , il craignoit que ce ne
fût un obftacle pour fes efperances. Si vous
en formez quelqu'une , repliqua M^r
Reves, c'eft fur la bonté de votre caractere qu'elle doit être fondée , beaucoup plus
que fur l'éclat de votre fortune. Il me fit la
grace d'ajouter que fans être capable de
tirer vanité du nombre de mes Amans, il
étoit naturel que tant de propofitions
m'euffent rendue plus difficile ; & que la
génereufe confiance de ma famille fembloit avoir augmenté cette difpofition.
Enfin , lorfque je lui ai dit , a continué

Mr Reves, que votre fortune excédoit beaucoup ce que son Oncle désiroit pour lui dans une femme, & que la nature autant que l'éducation vous avoit donné un tour d'esprit férieux ; c'est trop, s'est-il écrié, c'est trop dans une même perfonne. A l'égard de la fortune, il souhaiteroit que vous n'eussiez pas un sou, pour vous offrir la sienne ; & votre confentement le rendroit le plus heureux de tous les hommes.

J'ai fait des plaintes, à Mr Reves, de l'exceffive prévention qui paroît visiblement dans le portrait qu'il a fait de moi. Sûrement, lui ai-je dit, vous n'avez pas promis vos bons offices à Mr Fouler ; car en fuppofant que je mérite une partie de vos éloges, n'auriez-vous pas dû, pour fon propre interêt, confulter un peu mes difpofitions, avant que de me repréfenter fous un jour fi capable d'échauffer les fiennes ? Si nous étions dans un fiecle où les hommes fuffent moins aguérris contre l'amour, vous l'expoferiez à des peines fort vives ; & moi, qui ne me fens pas difpofée au moindre retour pour fes fentimens, vous me mettriez dans le cas de lui devoir de la pitié, lorfque je ne pourois lui rien accorder de plus. Mr Reves m'a répondu que le

langage qu'il avoit tenu à Mr Fouler,
il le tiendroit à l'Univers entier; qu'au
reste, il ne plaindroit pas trop un Amant
pour lequel je commencerois à sentir de
la pitié, parce qu'elle prépare le cœur à
l'amour, & que lui-même il en avoit
fait l'experience avec sa femme, dont il
avoit été follement amoureux; enfin,
qu'il ne pouvoit me dissimuler que Mr.
Fouler étoit son ami.

Ainsi, ma chere, ce Mr Fouler paroît assez persuadé qu'il a trouvé une femme qui lui convient; mais je doute que
votre Henriette ait rencontré l'homme,
dont elle juge à propos de faire son Mari.

LETTRE VII.

Miss Byron à Miss Selby.

2 Février.

SIr Roland vint lui-même, hier au
matin, rendre sa premiere visite à Mr
Reves; mais avant que de s'expliquer
sur les motifs qui l'amenoient, il demanda la permission de me voir. Je ne le con-
noissois point encore. Nous étions à déjeuner. Miss Allestris, Miss Bramber &
Miss Dolyngs, qui est une jeune personne

de mérite, étoient avec nous. Mr Reves introduisit le vieux Chevalier Gallois, avec les civilités ordinaires, mais sans lui faire connoître laquelle de nous étoit Miss Byron. Aussi ne dit-il pas un mot en s'asseyant; mais nous ayant regardées tour-à-tour, & fixant ses yeux sur Miss Allestris, il poussa Mr Reves par le coude. Mr Reves gardoit le silence. Sir Roland, qui a la vûe courte, continua de la promener, en se ridant le front, sur Miss Bramber & sur Miss Dolyngs; & lorsqu'elle fut tombée sur moi, il dit quelques mots à l'oreille de Mr Reves. On lui servit du thé, qu'il reçut avec un air d'impatience & d'incertitude. Enfin, prenant Mr Reves par un des boutons de son habit, il lui dit qu'il avoit à l'entretenir un moment. Ils sortirent ensemble : Non, je ne me trompe point, commença vivement le Chevalier, sans quiter le bouton qu'il tenoit. Ecoutez-moi, Mr Reves. J'aime mon Neveu comme moi-même. Je ne vis que pour lui. Il a toujours été respectueux pour son Oncle. Si c'est Miss Byron qui est assise à droite de Me Reves, avec une contenance angelique, les yeux brillans de bonne humeur, & le visage aussi fleuri que le printems, l'affaire est faite. Je donne mon consentement. Quoique je n'aïe pas en-

cor

core entendu fortir un mot de fa bouche, je fuis fûr qu'elle eft toute efprit.
Mon Neveu n'en aura point d'autre.
Les trois jeunes Perfonnes, qui font avec
elle, paroiffent très-agréables ; mais fi
c'eft pour celle dont je parle que mon
Neveu a pris de l'inclination , il n'en
aura point d'autre. Qu'elle va briller
parmi nos Dames de Caermarhen ! &
cependant le Pays de Caermafthen en a
de charmantes. Dites Mr Reves , me
fuis-je trompé fur la flamme de mon
Neveu ? La flamme , n'eft-ce pas ainfi
que cela s'appelle à Londres ?

Ms Reves lui répondit qu'il ne fe
trompoit pas , & que c'étoit Mifs
Byron. Enfuite, avec la partialité qu'il
a toujours pour moi , il ne confulta
que fon cœur pour commencer mon
éloge. Graces au Ciel, graces au Ciel,
s'écria le vieux Chevalier. Rentrons.
Retournons près d'elle. Je veux dire
quelque chofe qui l'engage à parler.
Qu'elle ne craigne point ; je ne dirai
rien qui puiffe lui caufer de l'embarras.
Si fa voix répond à tout le refte , je
m'attens que ce fera toute harmonie.
Le fon de la voix , entendez-vous Mr
Reves ? me fait juger du cœur , de
l'ame , & du caractère de ce fexe.

C

C'eſt une découverte que je ne dois qu'à moi-même. Rentrons, rentrons, je vous en ſupplie.

Ils s'étoient ſi peu éloignés de la porte, que nous avions entendu aſſez diſtinctement ce prélude. Ils reprirent leurs chaiſes, après quelques excuſes que Sir Roland crut nous devoir, pour avoir pris Me Reves à l'écart. Ici, ma chere, ne comptez pas que je puiſſe me rappeller une des plus ſingulieres converſations qui furent jamais. Les queſtions du vieux Gentilhomme, les bons mots de ſon Ami, les fines plaiſanteries de ſa Province, les expreſſions de ſa tendreſſe pour ſon Neveu & de ſon admiration pour moi, nous formerent une ſcène à laquelle je ne puis rien comparer. Il voulut ſavoir ſi mes affections n'étoient pas engagées, & je lui répondis naturellement qu'elles ne l'étoient pas. Il jugea que mon âge ne devoit pas paſſer ſeize ans, & j'eus beaucoup de peine à lui perſuader que j'approchois de vingt ; alors il ſe reprocha de n'avoir pas remarqué qu'avec tant de bonnes qualités, je ne pouvois avoir moins de vingt ans : mais lorſqu'à l'occaſion de ſon Neveu, j'eus

ajouté que mon deſſein étoit de ne me
marier qu'à vingt-quatre, ce fut une
autre profuſion de raiſonnemens, pour
établir que j'avois raiſon, & pour me
prouver néanmoins que je ne l'avois
pas. Entre ſes preuves, le bien de ſon
Neveu ne fut pas oublié. Nous apprimes
par des calculs fort précis, que Mr
Fouler jouit actuellement de deux
mille livres ſterling de rente, & que
l'intention de ſon Oncle eſt d'y en
joindre autant pour ſon mariage, en
lui aſſurant par contrat le reſte de ſa
ſucceſſion. Sir Roland, ma chere,
a pris autant de paſſion pour moi que
ſon Neveu. Il me trouve plus adorable
que toutes les autres femmes enſemble.
Cependant comme il ſe rend juſtice
ſur ſon âge, & qu'il aime ſon Neveu
plus que lui-même, il fera violence
aux ſentimens qu'il a conçus pour moi;
il ſe contentera du bonheur d'être mon
Oncle. Le dejeuner étant fini, & Mme
Reves nous ayant propoſé de repaſſer
dans ſon appartement, nous le laiſſa-
mes avec Mr Reves, auquel il ouvrit
entiérement ſon cœur, avec de fortes
inſtances pour l'engager dans les intérêts de ſon Neveu. Enſuite, il auroit
ſouhaité d'obtenir de moi ce qu'il

nomme une audience particuliere ; mais nos trois jeunes Amies ayant pris congé de nous , & Mme Reves étant paſſée à ſa toilette , j'employai le même prétexte pour m'excuſer. Il demanda du moins la permiſſion de revenir le jour ſuivant. Mr Reves lui déclara que nous avions divers engagemens juſqu'à lundi. Enfin le bon Chevalier ſe réduiſit à l'eſperance de me revoir lundi matin , & renouvella toutes ſes inſtances à Mr Reves.

Ainſi , ma chere , vous avez un long récit de tout ce qui regarde mon nouvel Adorateur, puiſque les hommes prenent ce titre juſqu'à ce qu'ils ſoient devenus nos Maîtres. C'eſt aujour-d'hui vendredi. Nous ſommes invités à diner chez Mylady Williams. Si le jour me fournit quelque choſe d'amuſant pour ma premiere lettre , je ne laiſſerai rien échapper qui puiſſe vous plaire.

LETTRE VIII.

Miss Byron à Miss Selby.

Vendredi au soir.

NOus n'avons pas manqué d'amu-
semens, ma chere ; & je vous assure
même que j'en ai trouvé plus que je
n'en souhaitois. Faites fond, par con-
séquent, sur une longue Lettre.

Mylady Pen nous a reçus avec une
extrême politesse. Elle avoit déja compagnie ; elle m'a présentée avec des
éloges flatteurs. Vous rendrai - je
compte de l'impression que ses convi-

la préference fur Mifs Ancillon. Une troifiéme , qui fe nomme Mifs Barnevelt , m'a paru joindre aux traits d'un vifage d'homme , une ame fort bien affortie ; car elle a le regard dur , l'ait libre & hardi , le ton fier , furtout lorfqu'on eft d'une autre opinion qu'elle ; & dans toutes les occafions elle affecte un mépris pour fon fexe , qui fait admirer qu'elle daigne porter une coeffe.

Les hommes étoient M*r* *Walden* & M*r* *Simple* ; le premier , nouvellement forti d'Oxford , fort bien partagé du côté de la naiffance & la fortune ; mais difficile , entêté de fes opinions , & méprifant tous ceux qui n'ont pas reçu leur éducation dans une Univerfité. M*r* Simple eft une homme fort doux , que ce caractère , joint peut-être à fon nom , expofe un peu à la raillerie de fes Connoiffances ; quoiqu'injuftement à mon avis , puifqu'il ne s'eft donné ni l'un ni l'autre , & que non-feulement il n'eft capable d'offenfer perfonne , mais que l'enjouement continuel de fon humeur devroit lui attirer plus d'indulgence : fans compter qu'il poffede une qualité qui manque le plus fouvent à ceux qui fe croyent un

jugement supérieur ; celle de se connoître lui-même , car il est humble ,
modeste , toujours prêt à reconnoître
de la supériorité dans les autres. M.
Simple possede une très grosse tetre ,
qui est une bonne compensation pour
ses défauts. On ajoute qu'il sait fort-
bien la menager , & que personne
n'entend mieux que lui ses intérêts.
Ce talent le met en état d'obliger
ceux qui prennent droit des avantages
qu'ils s'attribuent sur lui, pour le tourner en ridicule dans son absence ; &
l'on assure qu'il ne se fait pas presser
pour rendre service : mais c'est toujours avec tant d'attention pour ses
suretés , que sur cet article il n'a jamais donné sujet de rire à ses dépens.

On croit que les Amis de la belle
Ancillon n'auroient pas d'éloignement
pour la marier avec lui. Et moi , si
j'étois sa Sœur , je lui souhaiterois
assez de prudence pour se donner à
la sage Clemer , qui trouveroit dans

son compte la traitent moins de fille, que de jeune drole, qui pensera peut-être quelque jour à se pourvoir d'une Femme. Une des raisons qu'elle donne elle-même pour se consoler d'être Femme, c'est qu'elle ne peut être mariée à une Personne de son sexe. L'étrange créature ! Mais voyez, ma chere, ce que les Femmes gagnent à sortir de leur caractère. Telles que les Chauvesouris de la Fable, elles passent pour des êtres d'une espece ambigue, qui n'est avouée par aucun des deux sexes, & qui fait la raillerie de l'un & de l'autre.

C'étoit toute la compagnie que Mylady Williams attendoit avec nous. Mais à peine les premiers complimens étoient finis, que Mylady ayant été priée de sortir un moment, est revenue accompagnée d'un Homme de fort bonne mine, qu'elle nous a présenté sous le nom du Chevalier Hargrave Pollexfen. Tandis qu'il saluoit l'Assemblée, avec beaucoup de grace, elle a pris un moment pour me dire à l'oreille, que c'étoit un Baronet des plus riches d'Angleterre, par l'héritage qu'il a fait depuis peu du bien d'une Grand-mere & de deux Oncles,

qui l'étoient extraordinairement. Lorfqu'il m'a été préfenté fous fon nom,
& moi à lui fous le mien, il m'a fait
un compliment très-civil fur ma réputation, & fur le bonheur qu'il avoit
de paroître devant moi. Il avoit fort
entendu parler, a-t'il ajoûté, du mérite qu'on m'attribue ; mais il ne s'attendoit point à trouver les éloges fi
fort au-deffous de la vérité. Mifs Ancillon s'eft rengorgée, a fait jouer fon
éventail, & m'a paru piquée de n'avoir
pas reçu les premieres marques d'attention. J'ai cru démêler un peu de mépris, dans les airs qu'elle s'eft donnés.
Mifs Clemer a fouri, d'un air de fatisfaction ; comme fi la bonté de fon
naturel lui eût fait partager un compliment, qui regardoit une perfonne
du fexe dont elle fait l'ornement par
les qualités de fon cœur. Mifs Barnevelt a protefté qu'à la premiere vûe,
elle m'avoit regardé de l'œil d'un

Le Baronet, faisant ses excuses à Mylady, lui a confessé qu'il n'avoit eu la hardiesse d'entrer sans invitation, que pour satisfaire l'empressement qu'il avoit d'admirer Miss Byron. On lui a répondu que toute la compagnie m'étoit doublement obligée. L'homme d'Oxford a laissé entrevoir qu'il se croyoit éclipsé par Sir Hargrave ; & pour reprendre le dessus, il nous a cité quelques passages de ses Auteurs Latins, dont il s'est efforcé de nous faire sentir la beauté par les regles de la grammaire. Ensuite s'étant levé sur la pointe des pieds, comme pour regarder de haut en bas le Baronet, il a mis la main au côté ; & tout d'un coup il est allé passer devant lui, en jettant un œil de mépris sur sa riche parure. Mr Simple a souri, comme si tout ce qui se passoit autour de lui l'avoit fort amusé. Une fois, à la vérité, il a voulu essayer de parler : sa bouche s'est ouverte, pour donner passage à ses paroles ; ce qui paroît lui arriver quelquefois, avant que ses mots soient tout à fait prêts. Mais il s'est assis, content de l'effort. Au fond, ceux qui ne se rendent point méprisables par des affectations doivent être sup-

portés. Pauvres & riches, fages & in-
fenfés, nous fommes tous des anneaux
de la même chaîne. Il faut me
dire, ma chere, fi dans mes defcrip-
tions, je ne merite pas moi-même le
reproche que je fais à ceux qui mépri-
fent les autres, pour des défauts qui
ne font pas volontaires.

Celle que je vais commencer pourra
vous paroître intéreffante, fi je vous
avertis qu'il eft queftion d'un nouvel
Adorateur. Et lequel donc, des trois
hommes que j'ai nommés ? Vous devinez le Baronet, j'en fuis fure. Oui,
ma chere, c'eft lui ; mais fongez que
mon efquiffe fera compofée de ce
que j'ai appris de lui dans la fuite,
auffi-bien que de mes propres obfervations.

Le Chevalier Hargrave Pollexfen
eft un homme bien fait, affez haut,
d'une figure agréable, âgé de vingt-
huit ou trente ans. Il a le teint un peu
trop blanc pour un homme, & tirant
un peu fur le pale ; les yeux d'une
hardieffe remarquable, gros, ouverts,
approchant affez de ceux qu'on nomme
vulgairement des yeux de bœuf ; &
dans les airs qu'il fe donne, il paroit
affecter un regard libertin, qu'il prend

C vj

peut-être pour une recommandation auprès des femmes. Miss Cantillon, l'entendant louer par Mylady Williams pendant qu'il avoit le dos tourné, a dit qu'il avoit les plus beaux yeux qu'elle eût jamais vus dans un homme, des yeux mâles, pleins d'expreſſion. Il s'énonce facilement ; mais cette volubilité paroît plûtôt venir de ce qu'il ne doute de rien, que d'un fond extraordinaire de bonnes idées. Cependant il paſſe pour homme d'eſprit ; & s'il pouvoit gagner ſur lui de penſer un peu plus & de parler moins, il auroit peut-être plus de droit à l'eſtime dont il paroît ſe croire un peu trop ſûr. Comme il n'héſite jamais, & qu'il excite à rire en riant le premier de ce qu'il va dire ou de ce qu'il a dit, il s'eſt fait une réputation d'homme infiniment agréable, parmi ceux qui aiment à noyer la réfléxion dans la gayeté.

Il paroît que Sir Hargrave a voyagé ; mais il doit avoir emporté avec lui un étrange nombre de folies & beaucoup d'affectation, s'il en a laiſſé une partie dans ſes courſes. Il eſt porté ſurtout à juger déſavantageuſement d'une femme, lorſqu'il eſt parvenu à lui arracher quelques marques de goût pour ses plaisanteries. Vous saurez bientôt comment je suis informée de ce trait, & de quelques autres qui ne valent pas mieux.

Le goût présent de la Nation étant pour la parure, il n'est pas surprenant qu'un homme tel que Sir Hargrave, cherche à s'y distinguer. Que peut-on faire de trop pour sa figure, quand on la préfere aux qualités de l'ame? Cependant les soins qu'il y apporte réussiroient mieux, à mon avis, s'ils étoient moins apparens. Son inquiétude est extrême, pour tenir tous ses ajustemens dans l'ordre. Il n'oublie pas de rendre ses devoirs à chaque Trumeau; mais il le fait avec une sorte de circonspection, comme s'il vouloit déguiser une vanité, trop visible pour que personne puisse s'y tromper. S'il se voit observé, il se retire d'un air à demi négligé; mais un peu mécontent neanmoins, en feignant d'avoir découvert dans sa personne, quelque chose qui lui déplaît. Cette plainte ne manque gueres de lui attirer un compliment, auquel il fait juger qu'il est très-sensible, par l'air affecté avec lequel il s'en défend. Oh! Monsieur, Oh! Madame, vous me faites grace.

Tel eſt le Chevalier Pollexfen. Il a pris place auprès de la Provinciale; & donnant carriere à ſa galanterie, il s'eſt répandu en ſi beaux diſcours, qu'il ne m'a pas laiſſé un inſtant pour lui faire connoître qu'on n'eſt pas d'une ſottiſe abſolue dans ma Province. Il a ſoutenu que j'étois une parfaite Beauté. Il m'a ſuppoſée d'une extrême jeuneſſe. Tous éloges aſſez fades, en vérité; tandis que par les airs qu'il ſe donnoit, il paroiſſoit ſûr de mon admiration. Je l'ai regardé pluſieurs fois, aſſez fixement; & mes yeux étant une fois tombés ſous les ſiens, j'oſe aſſurer que dans ce moment il prenoit pitié du pauvre cœur, dans lequel il croyoit jetter beaucoup de trouble. Cependant je conſiderois alors ſi dans la néceſſité de choiſir entre Mr Simple & lui, en punition de quelque grande faute que j'aurois commiſe, je ne me déterminerois pas plûtôt pour le premier.

Le Maître d'Hôtel, étant venu avertir qu'on avoit ſervi, m'a délivrée d'une plus longue ſuite d'importunités; & le Chevalier s'eſt trouvé placé à table, aſſez loin de moi. Pendant tout le dîner, il a tiré beaucoup de luſtre, de l'air ſourcilleux & de la conduite

de Mr Walden, qui demeurant fouvent muet, fembloit n'accorder que
du mépris à tout ce qui fortoit de la
bouche du Chevalier. Cette difpofition
fe déclaroit quelquefois par une fi
grande varieté de grimaces, qu'il m'auroit paru impoffible de les exprimer
avec le même vifage. Depuis mon retour, j'ai tenté plufieurs fois, devant
mon miroir, d'imiter les differentes
contorfions de Mr Walden, pour vous
les décrire; & tous mes efforts n'ont
pû me rendre capable de vous en donner la moindre notion. Peut-être au-
roit-il été plus excufable, dans quelques uns de fes mépris, s'il n'avoit pas
été vifible qu'il tournoit au profit de
fon amour propre, toute la confidération qu'il croyoit ôter au Baronet.
Cependant il étoit auffi condamnable
d'un côté, que Sir Hargrave l'étoit de
l'autre. Jamais je n'ai vû dans un fi
beau jour la difference réelle qui eft
entre l'homme du Monde & celui qui
fort du college. L'un fembloit réfolu
de ne prendre plaifir à rien; tandis
que l'autre s'efforcoit de plaire à tout
le monde, & fi fort à fes dépens,
qu'il mettoit quelquefois fon jugement
au hazard. Une feconde folie faifoit

oublier la premiere , & la feconde une troifiéme : mais, en riant le premier de fes propres extravagances , il nous laiffoit la liberté de fuppofer qu'elles étoient volontaires , & qu'il ne s'y livroit avec cette forte d'oubli de lui-même , que pour réjouir l'affemblée.

Mr Walden , comme il paroiffoit clairement à fon front couvert , aux méprifantes agitations de fes levres, & à fon vifage entier , qu'il affectoit de ne pas tourner vers le Baronet, fembloit irrité de l'air riant qu'il voyoit fur celui de tout le monde , & qu'il paroiffoit prendre en pitié , fans diftinguer de quelle fource il venoit ; comme s'il s'étoit cru tombé dans une compagnie fort inégale. Il a même affecté deux ou trois fois de s'adreffer à Mr Simple, avec une forte de préférence fur toute l'affemblée ; quoiqu'il fût affez vifible que ce pauvre jeune-homme avoit beaucoup plus de goût pour l'agréable fécondité du Chevalier Baronet , que pour la feche emphafe du Savant, & qu'il parût applaudir des levres & des yeux à chaque mot de Sir Hargrave; au lieu qu'il baiffoit la vue avec embarras , dans le tems même que Mr Walden lui faifoit l'honneur de s'adreſſer à lui , comme à la principale perſonne de l'aſſemblée. Qu'il me ſoit permis de faire une réflexion , ma chere Lucie. Ne vous paroit-il pas fort heureux pour notre ſexe leger & badin , que la plûpart des hommes , ces chefs de l'eſprit humain , ne ſoient pas beaucoup plus raiſonnables que nous ? Ou pour m'exprimer en d'autres termes , ne croyez-vous pas que les excès de raiſon ſont auſſi ridicules qu'une portion moderée de folie ? Mais , ſilence. Je n'ajoute pas un mot. Mon Oncle ne manqueroit pas de ſe ſoulever contre moi.

Qu'eſt-il arrivé ? que Mr Walden ne pouvant ſupporter de ſe voir comme enſeveli par l'homme du Monde , à pris le parti , après diner , de venger l'Univerſité par une querelle preſque ouverte. Il n'a pas manqué d'adreſſe pour faire tourner la converſation ſur les avantages du ſavoir ; d'où il a conclu qu'il n'y avoit rien de comparable à l'éducation qu'on reçoit dans les Univerſités. Sir Hargrave a traité legerement cette theſe , c'eſt-à-dire , avec une ironie fine & quelquefois picquante , qui a déconcerté à la fin Mr Walden , & qui auroit eu d'autres fuites , fi toute l'affemblée ne s'étoit réunie pour les arrêter. Enfin Mr Walden eft forti fort mécontent.

Lorfqu'on fe préparoit à fervir le thé, Mylady Williams s'eft approchée de moi , & m'a félicitée d'avoir fait une auffi belle conquête que celle de Sir Hargrave. Elle avoit remarqué , m'a-t-elle dit , que dans la chaleur même de fa difpute, fes yeux s'étoient toujours tournés vers moi , avec un mélange de refpect & d'admiration , & qu'il lui étoit même échappé quelques mots , qui ne pouvoient laiffer aucun doute de fes fentimens. Mifs Ancillon , qui étoit affez proche pour entendre Mylady , & fur laquelle le Chevalier fembloit avoir fait beaucoup d'impreffion , n'a pas eu peu de peine à forcer fes yeux de me regarder civilement ; quoique fa bouche , qui eft réellement jolie , fe foit fait la violence de me féliciter auffi par quelques fourires. Sir Hargrave a rapporté toutes fes attentions à moi , pendant le thé ; & l'on s'eft apperçu qu'il avoit l'efprit férieufement occupé de quelque chofe. Enfuite il a prié Mr Reves de paffer avec lui dans un cabinet voifin ; & là, votre Henriette eft de-

venue le sujet d'une conversation sé-
rieuse.

Il a déclaré d'abord à Mr Reves,
que dans plusieurs voyages qu'il avoit
faits à Northamphon, il avoit toujours
cherché l'occasion de me voir, & qu'il
ne seroit pas venu dîner sans invitation, chez Mylady Williams, s'il n'eût
appris que j'y étois. Il a protesté que
ses vues étoient pleines d'honneur ;
comme s'il avoit crû qu'on en pouvoit
douter sans cette assurance ; marque
tacite, ma chere, de la supériorité
qu'il s'attribue, & de la haute idée
qu'il attache à sa fortune.

Mr Reves lui a répondu que tous
mes Parens s'étoient fait une regle de
ne pas se mêler de mon choix. Sir
Hargrave s'en est applaudi, comme
du plus grand bonheur ; & rentrant
bientôt dans l'assemblée, il a pris un
moment où j'étois à m'entretenir seule
avec Mme Reves, pour s'approcher de
moi, & pour me déclarer en termes
fort ardens, qu'il avoit conçu la plus
vive admiration pour un grand nombre de qualités extraordinaires, qu'il
a peut-être forgées lui-même ; car il
en a fait le compte avec une volubilité
surprenante. Enfin il m'a demandé la

permiſſion de me rendre ſes reſpects chez Mr Reves. Je lui ai dit que Mr Reves étoit le maître chez lui , & que je n'avois aucune permiſſion à donner. Il m'a fait une profonde reverence , avec un remerciment , comme ſi ma réponſe étoit une permiſſion réelle. Quel parti pour une femme , avec ces flatteurs ? Il a paru chercher l'occaſion de renouer l'entretien avant ſon départ. Mais j'ai ſçu l'éviter. Mylady Williams nous a preſſés de paſſer la ſoirée chez elle ; Mr &Mme Reves ſe ſont excuſés. En revenant , Mr Reves m'a dit que je trouverois dans Sir Hargrave , un Amant fort réſolu & fort importun , ſi je ne marquois pas de goût pour ſes ſoins. Ainſi , Monſieur , lui ai-je répondu , pour me délivrer de ſes importunités vous me conſeilleriez de l'épouſer ; comme on dit qu'il eſt arrivé à pluſieurs femmes de bon naturel.

Nous avons trouvé , en rentrant au logis , le Chevalier Alleſtris , qui attendoit le retour de Mr. Reves. C'eſt un homme de mérite ,& d'un jugement rare ; ſimple dans ſes manieres , & d'environ cinquante ans. Mr. Reves lui ayant appris comment nous avions paſſé le jour, il nous a fait un portrait de Sir Hargrave Pollexfen, qui a non-ſeulement aidé à tout ce que vous venez de lire, mais qui me l'a fait regarder comme une connoiſſance fort dangereuſe. On aſſure que malgré l'air gai & badin qu'il fait prendre en compagnie, c'eſt un homme du plus mauvais naturel, mal intentionné, méchant, qui ne fait ſcrupule de rien pour arriver à ſes fins; qu'il a déja cauſé la ruine de trois jeunes femmes; qu'il eſt aſſez rangé dans ſes affaires; mais que c'eſt même aux dépens de ſon caractère, parce qu'autant qu'il eſt prodigue pour ſes plaiſirs, autant il regarde de près à ſon argent dans des occaſions où la liberalité eſt un devoir. Auriez-vous cru, ma chere, que cet homme de ſi bonne mine, ſi enjoué, ſi bien mis, pût être d'un caractère noir, audacieux, méchant, cruel même? car Sir Alleſtris nous a raconté d'autres hiſtoires, qui prouvent que toutes ces qualités lui conviennent.

Mais je n'avois pas beſoin de ces lumieres, pour me déterminer à ne pas recevoir ſes propoſitions. Ce que j'avois vu me ſuffiſoit; quoique Sir Alleſtris, à qui Mr Reves a fait la confidence entiere , ne doute point que ſes vues ne ſoient ſérieuſes , & que m'en ayant fait compliment , il ait ajouté qu'il lui connoît du penchant pour le mariage : d'autant plus , dit-il , qu'au défaut de mâles dans ſa ligne , la moitié de ſon bien paſſeroit à un Parent fort éloigné , qu'il hait beaucoup ; par la ſeule raiſon que dans ſon enfance cet honnête Couſin le reprenoit quelquefois de ſes fautes. Au reſte, Sir Alleſtris dit que ſon bien eſt auſſi conſidérable qu'on le publie.

Lorſque nous nous ſommes trouvés libres ; quelle gloire pour vous , chere Couſine , m'a dit Mr Reves , de reformer un homme de ce caractère , & de faire de ſon bien une ſource de bénédictions , comme je ſuis ſur que vous y apporteriez tous vos ſoins , ſi vous étiez Mylady Pollexfen ! Mais comptez , chere Lucie , que Sir Hargrave fût-il Roi de la moitié du Globe , il ne me verra point à l'autel avec lui. Que faire néanmoins , s'il eſt auſſi importun qu'on le repreſente ? Je ne me conduis pas mal avec ceux que je puis tenir à la longueur des armes ; mais j'avoue que je ſerois fort embarraſſée avec ces caractères hardis. La civilité, à laquelle je me crois obligée pour tous ceux qui marquent un peu de confideration pour moi , m'expoferoit à beaucoup d'inconvéniens , dont la protection de mon Oncle & celle de Mr Deane m'ont toujours préfervée. O chere Lucie ! à combien de maux une jeune perfonne n'eft elle pas expofée fans cette protection , lorfque tant d'hommes , femblables à des Sauvages, ou à des bêtes farouches , s'attachent à nous pourfuivre , comme la proie de leur fexe.

Samedi matin.

Pour finir dans cette Lettre fur l'article de Sir Hargrave , & plaife au Ciel que jamais il ne me donne occafion d'y revenir ! Mr Reves vient de recevoir un billet de lui , par lequel il s'excufe de le voir ce matin , comme il fe l'étoit propofé, fur l'obligation où il fe trouve de partir fur le champ pour Reading , où il eft appellé par les inftances d'un Ami mourant ; & dans l'impoffibilité qu'il prevoit de revenir avant trois jours , qui lui paroitront, dit-il, trois longues années , il ne peut fe difpenfer avant fon départ de renouveller les témoignages de fon refpect ,

& de confirmer la déclaration de ses
sentimens. Il demande instamment la
faveur & la protection de Mr Reves.
Il ajoute qu'un bonheur pour lui
dans son absence , c'est que Miss
Byron , Mr & Mme Reves , ayant le
tems de réflechir un peu sur ses offres ,
il se flatte qu'elles ne seront pas payées
d'un refus.

A présent , ma chere , vous avez
tous les éclaircissemens que je vous ai
promis sur mes deux nouveaux Ado-
rateurs. Comment vais-je me conduire avec eux ? C'est ce que j'ignore.
Mais je commence à juger que les plus
heureuses filles sont celles à qui leurs
Parens épargnent les embarras de cette
nature , en remettant à consulter leur
inclination , lorsqu'on en est aux pré-
liminaires. Il est certain que les miens
font beaucoup d'honneur à ma discre-
tion , de m'établir si généreusement
mon propre juge. Les jeunes filles sont
flatées du pouvoir qu'on leur donne
sur elles-mêmes. Cependant je ne vous
cacherai point que cet honneur me
cause quelque peine , & pour deux
raisons ; l'une , qu'il m'oblige à la plus
grande circonspection , comme à la
plus vive reconnoissance ; la seconde ,

que

que ma famille a marqué plus de générosité en me dispensant de la soumis-

DU CHEV. GRANDISSON. 73
que ma famille a marqué plus de générosité en me dispensant de la soumis-

dont j'ai befoin pour cet exercice.
Ainfi vous ferez moins furprife que je
trouve le tems de vous faire de fi longues Lettres. Mifs Byron eft dans fon
cabinet , Mifs Byron écrit ; c'eft une
excufe qu'ils croyent fuffifante pour
tout le monde , parce qu'ils ont eux-
même la bonté de s'en contenter. Ils fa-
vent d'ailleurs qu'ils obligent une chere
Famille , en me donnant l'occafion
de lui rendre mes devoirs.

L E T T R E IX.

Mifs BYRON *à Mifs* SELBY.

6 Janvier.

VOUS me dites , ma chere , que
Mr Greville fera dans peu de jours à
Londres. Je ne faurois l'empêcher.
Vous ajoutez qu'il donne fes affaires
pour prétexte , & que fous ce voile il
fe propofe de n'être pas ici moins d'un
mois , & d'y prendre part aux amufemens publics : fort bien. Il en eft
affurément le maître. Cependant j'efpere qu'il ne me compte , ni parmi fes
affaires , ni parmi fes amufemens.
Après une ou deux vifites en faveur

du voisinage, je me propose, à mon tour, de ne pas souffrir qu'il vienne me tourmenter. Ce qui est arrivé entre Mr Fenwick & lui, m'a causé assez de peine, & ne m'a que trop exposée. Une femme, qui a malheureusement été l'occasion d'un combat entre deux hommes, doit penser d'une maniere bien étrange, quoiqu'elle n'ait rien à se reprocher, s'il ne lui paroît pas que ces avantures font trop de bruit dans le monde. Combien de gens ont pris occasion de la témérité de ces deux hommes, pour me regarder avec étonnement ? Et quel n'a pas été l'embarras de mon Oncle & de Mr Deane, pour les amener au bizarre compromis, par lequel ils se font engagés, malgré tout ce que j'ai pù leur dire, à me tourmenter de concert, comme le seul moyen de sauver la vie à l'un des deux ? Methode admirable pour gagner l'affection d'une femme ! Et ne dois-je pas tout craindre de cet exemple, si Sir Hargrave persiste dans ses dispositions ? Mr Greville est un emporté ; & le Chevalier Allestris nous a dit que Sir Hargrave ne manque pas de résolution.

Je suppose que Mr Fenwick fera

auſſi le voyage , ſi l'autre ne change pas de deſſein. Je vous demande en grace, ma chere Lucie, de leur dé-clarer... Cependant ! leur dire que je n'ai aucun penchant à les voir, & que j'en éviterai l'occaſion ſi je le puis , c'eſt leur donner une impor-tance qui me chagrine encore plus ; & l'un ſe couvrant du prétexte de ſes affaires , ſi je refuſe les viſites avant qu'elles ſoient offertes, il paroîtra, dans l'interprétation d'un homme auſſi pré-ſomptueux que Mr Greville , que je me compte moi-même entre les affai-res qui peuvent l'amener. Ils pren-dront le parti qu'il leur plait. S'ils ſont réſolus de m'obſeder dans les aſſem-blées publiques , graces au Ciel , je n'ai pas tant d'empreſſement à me montrer , que je ne puiſſe me diſpen-ſer ſouvent d'y paroître.

Mais on me fait avertir que Sir Rowland Meredith demande à me voir. Ce bon Chevalier , ma chere, le vieux Sir Rowland. On me di qu'il eſt en habit neuf , à boutons & boutonnieres d'or , en grande peruqu à pleines boucles , & que ſon Neveu qui eſt avec lui , eſt dans tout l'écla d'un jour de nôces. Comment s'y prendre avec l'Oncle & le Neveu ? me direz-vous, ma chere, ce qu'il y a dans les déclarations de ce sexe, & pourquoi les plus indifferens ne laissent pas de causer quelque agitation ? Mais c'est qu'il en coute toujours, pour re-jetter les civilités qui semblent partir d'une affection si vive.

On me presse de descendre. Je ne vous quitte pas pour long-tems.

Lundi 6, au soir.

En descendant, ma chere, j'ai en-tendu le bon Sir Rowland, qui s'a-vançoit dans l'antichambre, & qui disoit à Mr Fouler ; voyez, mon Neveu, ce que vous allez dire à la *Prime-vere* de votre cœur ; & s'adres-sant apparemment à Mr Reves, j'ai entendu qu'il lui disoit aussi ; c'est, Monsieur, qu'en Caermarthen nous avons à présent la saison des Prime-veres.

Mr Fouler, par un effort de com-plaisance, est venu au devant de moi jusqu'au bas de l'escalier. Le Che-valier, demeurant à la porte de l'an-tichambre avec Mr Reves, a fait un petit signe de tête, accompagné d'un

D iij

fourire, comme s'il avoit dit ; laiſſons à mon Neveu l'honneur de la premiere galanterie. Je n'ai pas été peu ſurpriſe de me voir prendre la main par celle de Mr Fouler, & d'un air aſſez hardi, qui venoit ſans doute de l'encouragement qu'il avoit reçu. Il m'a conduit près d'un Fauteuil. Il m'a fait une profonde révérence, que je lui ai rendue ; & je crois avoir marqué un peu plus d'embarras qu'à l'ordinaire.

Votre Serviteur, Mademoiſelle, m'a dit le vieux Chevalier. Elle embellit tous les jours, a t-il ajouté. Que cette rougeur ſied bien à ce beau viſage ! Mais pardon, Mademoiſelle, mon intention n'eſt pas de vous embarraſſer. Toûjours une plume en main ; a dit Mme Reves, qui étoit auſſi préſente. Vous nous manquez bien ſouvent, Miſs Byron. Il paroît que le deſſein de Mme Reves étoit de me donner le tems de me remettre. J'étois à finir quelques Lettres, ai-je repondu, & vous ſavez quelle régularité on exige de moi. Nous ſerions bien fâchés, Mademoiſelle, a repris le Chevalier en ſe baiſſant juſqu'à terre, que vous vous fuſſiez trop hâtée de deſcendre. Je l'ai regardé fixement ;

mais, ne m'appercevant point qu'il eut pensé à mettre de la finesse dans ce langage, je n'ai pas voulu lui en faire naître l'idée par une réponse trop vive. M. Fouler, qui avoit fait un effort extraordinaire, s'est assis, a toussé, & s'est tenu les jambes croisées sans rien dire, jettant néanmoins les yeux sur son Oncle, comme pour savoir si c'étoit son tour à parler.

La conversation est tombée sur le froid. L'Oncle & le Neveu ont commencé à se frotter les mains, & se sont approchés du feu, comme si le froid avoit augmenté d'en parler. Ils ont toussé plusieurs fois, en se regardant tour à tour. Enfin ils nous ont entretenus d'une nouvelle Maison, qu'ils ont fait bâtir depuis peu en Caermarthen, & des meubles qu'ils y ont mis. Delà, ils sont passés à leurs voisins, dont ils nous ont dit beaucoup de bien ; & nous sommes à présent fort bien informés du caractère de sept ou huit honnetes Gens, dont nous n'avions jamais entendu les noms : tout cela, comme vous vous l'imaginez, pour nous faire comprendre de quelle distinction les Merediths sont dans le Pays de Caermarthen. Le

Chevalier en a pris occasion de nous faire le récit d'un entretien qu'il eut un jour avec feu Mylord *Mansell*, dans lequel ce brave Seigneur le félicita de l'avantage qu'il avoit de jouir d'un revenu clair & net de trois mille livres sterling, en belles terres, sans parler de beaucoup d'argent comptant, dont le même Seigneur supposoit qu'il employeroit une partie à faire élire son Neveu, Membre du Parlement pour le Comté. Mais il nous a repeté aussi la sage réponse qu'il fit à ce compliment : ce n'étoit pas son dessein ; & le goût de ces élections, qui ont ruiné quantité de bonnes familles, ne valoit pas mieux à son avis que la passion du jeu.

Ce détail amusant nous ayant conduits fort loin, le Chevalier a cru nous avoir fait prendre une assez haute idée de ses richesses & de sa considération. Il s'est approché de moi, après avoir fait signe des yeux à Mr Fouler de sortir un moment. Alors il a commencé à m'étaller toutes les bonnes qualités de son Neveu. Il m'a déclaré la vive passion qu'il a conçue pour moi. Il m'a suppliée d'encourager par mes bontés un jeune homme si digne de moi, si bien elevé, si noble, dont il veut faire son unique héritier, & pour lequel il est résolu de faire, à ma considération, ce que dans toute sa vie il ne feroit pas en faveur de toute autre femme.

A des propositions si sérieuses, il n'étoit pas permis de répondre avec l'air badin dont on ne peut gueres se défendre dans la premiere visite qu'on reçoit du Chevalier Roland Meredith. J'étois fâchée de me trouver presqu'aussi embarrassée, aussi muette, aussi sotte que si j'avois pensé à marquer du goût pour les vues de Mr Fouler. M^r & Mme Reves sembloient prendre plaisir à me voir dans cette situation. Le Chevalier m'a paru prêt à nous entonner une Chanson Galloise & à danser de joie. Dans ce transport, il m'a demandé s'il appelleroit son Neveu, pour confirmer tout ce qu'il m'avoit dit, & pour répandre son ame entiere à mes pieds ? Il n'est qu'un peu timide, m'a-t'il dit. Il me garantissoit que la moindre faveur de ma bouche en feroit un homme. Permettez, a t-il ajouté avec le même feu, permettez que je l'appelle. Je vais le chercher moi-meme ; & le bon Vieillard alloit partir.   D v

Je me suis hâtée de répondre. Un mot, s'il vous plaît, M^r le Chevalier, avant que Mr Fouler nous faſſe l'honneur de rentrer. Vous vous êtes expliqué avec toute l'honêteté poſſible, & je vous suis auſſi obligée qu'à Mr Fouler, de l'idée que vous avez de moi. Mais ce que vous me propoſez eſt impoſſible.

Comment ? Impoſſible ! Non, non, Mademoiſelle ; rien ne l'eſt moins aſſurément. Vous aurez la bonté de nous accorder du tems pour quelques viſites, qui vous mettront en état de reconnoître les bonnes qualités & le jugement de mon Neveu. Vous ſerez convaincue par ſa propre bouche, par ſon cœur, par ſon ame, dois-je dire, de l'amour qu'il a pour vous. Ce n'eſt point à lui que le tems eſt néceſſaire. Le pauvre jeune homme eſt fixé, à jamais fixé. Mais, chere Miſs, au nom du ciel ! Dites que vous prendrez une ſemaine, quelques jours, pour réfléchir à ce que vous pouvez, à ce que vous voulez répondre. C'eſt tout ce que je demande aujourd'hui, Mademoiſelle, ou plûtôt tout ce que je puis vous accorder moi-même.

Sir Roland, ai-je repris, je ne puis

douter que dans quelques jours, dans une semaine, mes dispositions ne soient telles qu'aujourd'hui. Il m'a interrompue par des exclamations, par des plaintes & des reproches fort tendres, qu'il adressoit tantôt à moi, tantôt à M^r & Mme Reves. Enfin, m'ayant à peine laissé le tems de répeter que c'étoit une chose impossible, & que par estime pour son Neveu, qui me paroissoit en meriter beaucoup, je lui conseillois de l'engager absolument à changer de vues, parce que je n'aimois point à faire le tourment d'un cœur honnête ; ses sentimens pour moi se sont échauffés sur cette expression, il s'est laissé emporter par ses regrets, par son admiration & sa tendresse, jusqu'à prendre le Ciel à témoin que si je voulois être sa Niece, & lui accorder seulement le plaisir de me voir une fois tous les jours, il se réduiroit à cent livres sterling de rente, & m'abandonneroit tout ce qu'il possedoit au monde. Ses yeux étoient mouillés de larmes, son visage enflammé ; & l'honêteté brilloit sur son visage. Genereux homme ! n'ai-je pû m'empêcher de répondre. J'étois vivement touchée. Je suis passée dans une autre

D vj.

chambre ; mais étant revenue auffi-
tôt , j'ai trouvé Sir Roland , fon mouchoir à la main , qui follicitoit M^r &
Mme Reves , avec les plus fortes inftances. Il avoit fait auffi tant d'impreffion fur eux , qu'ils n'ont pû refufer de me dire quelques mots en fa
faveur.

Le Chevalier a propofé alors de
faire paroître fon Neveu , afin qu'il
pût parler pour lui-même. Il vouloit
abfolument l'appeller. Non , Monfieur,
lui ai-je dit. Vous êtes un excellent
Avocat. Affurez Mr Fouler que j'ai
deux raifons de l'eftimer , fon propre
mérite & celui de fon Oncle. Mais je
vous le demande encore , épargnez
moi la peine de défobliger un homme
que j'eftime. J'ai toute la reconnoiffance
poffible pour l'opinion qu'il a de moi ;
je lui en devrai plus encore, s'il accepte
mes remercimens , comme le feul retour que je fuis capable de lui offrir.

Chere Mifs Byron , m'a dit Mr Reves,
vous pouriez prendre du moins quelques jours pour y penfer. Que faites-
vous ? lui ai-je répondu. Vous augmen-
tez les difficultés. C'eft de votre bonté
que je me plains ; mais ne voyez-vous
pas que Sir Roland me prend déja

pour une cruelle ? Cependant mon caractère est bien éloigné de la cruauté. Je fais mon bonheur de celui d'autrui. Je voudrois égaler Sir Roland en générosité. Qu'il me demande quelque chose qui ne soit pas moi-même, & je m'efforcerai de l'obliger.

Mes réponses mêmes ne faisant qu'animer son obstination, il a protesté qu'il ne perdroit pas l'espérance, tandis qu'il ne me verroit pas d'autre engagement. Qu'on me fasse connoître une femme du même ordre, a t-il ajouté, & je renoncerai à Miss Byron. Elle prendra du tems pour y penser. De grace, Mademoiselle... Mais je vais appeller mon Neveu ; & dans ce transport il est sorti fort à la hâte, comme s'il eût appréhendé que je ne le retinsse encore. M^r & Mme Reves ont commencé leurs réprésentations ; mais avant que j'aye pû leur répondre, le Chevalier est rentré avec son Neveu.

Mr Fouler m'a saluée, de l'air le plus respectueux. Il paroissoit plus abbatu que lorsqu'il étoit venu me donner la main à mon arrivée. Son Oncle l'avoit instruit de ce qui s'étoit passé. On étoit prêt à s'asseoir, lorsque le Chevalier a prié Mr Reves de lui accorder un moment d'entretien; mais il ne l'a pas pris par le bouton, comme dans sa premiere visite. Ils sont sortis ensemble. Mme Reves a jugé à propos de sortir aussi, par une autre porte, & je me suis trouvée seule avec Mr Fouler.

Nous sommes demeurés en silence pendant trois ou quatre minutes. Il m'a semblé que je ne devois pas commencer. Mr Fouler ne savoit comment le faire. Il a pris la peine d'avancer sa chaise près de la mienne : ensuite il s'est un peu reculé. Il s'est rapproché encore ; il a tiré ses manchettes, & toussé deux ou trois fois. Enfin sa bouche s'est ouverte, pour me dire que je ne pouvois manquer de m'appercevoir de sa confusion . . . . de son trouble . . . . que sa confusion étoit extrême, & que tout venoit de son respect, de son profond respect pour moi. Il a toussé encore deux fois, & sa bouche s'est fermée.

Je n'ai pû prendre plaisir à jouir de l'embarras d'un homme si modeste. Chaque trait de son visage étoit en travail. Ses mains & ses genoux trembloient. O ma chere ! Quel est le pouvoir de l'amour, si des agitations si vio-

lentes font l'effet naturel de cette paf-
fio n

Monfieur, ai-je répondu, Sir Roland
vient de m'aprendre la bonne opinion
que vous avez de moi. Je vous en fuis
obligée. J'ai dit à Sir Roland.... Ah !
Mademoifelle, a-t-il interrompu d'un
air plus ferme , ne répetez pas ce
que vous avez dit à mon Oncle. Il ne
m'en a que trop informé. Je me
reconnois indigne de vous , mais je
n'en fuis pas plus libre de renoncer à
votre faveur. Celui qui fait où fon bonheur confifte , eft-il maître de ne le pas
chercher à toute forte de prix ? Ce que
je puis dire, c'eft que je fuis le plus malheureux de tous les hommes , fi vous ne
me laiffez pas l'efpoir .... Je l'ai interrompu à mon tour , pour le prier de ne
pas nourrir des fentimens auxquels il
m'étoit impoffible de répondre. Il a
pouffé un profond foupir : on m'avoit
affûré, a-t-il repris, que votre cœur,
Mademoifelle , étoit fans engagement ;
c'eft là-deffus que j'ai fondé mes pré-
fomptueufes efperances.

Je lui ai dit naturellement qu'on ne
l'avoit point trompé , & que je n'ai
point encore vû l'homme avec lequel je
puiffe fouhaiter d'être engagée par les

nœuds du mariage. Mr Fouler en a conclu qu'il pouvoit donc efperer du tems,
de fes affiduités, de fon refpect, de fa paffion fans bornes . . . . O Monfieur Fouler, lui ai-je dit, ne me croyez ni ingrate, ni infenfible: mais les jours & les années ne peuvent apporter de change-
ment dans un cas de cette nature. Je
ne me fens capable que de vous eftimer,
Mais vous avez donc vû quelqu'un,
Mademoifelle, pour qui vous croyez
pouvoir prendre des fentimens plus fa-
vorables que pour moi ? Cette queftion
étoit preffante, & j'aurois pû me difpenfer d'y répondre. Cependant je lui ai
répeté que je n'avois encore vû perfonne dont je puffe fouhaiter de faire mon
Mari. Il a baiffé les yeux avec un foupir. J'ai ajouté : Mr Fouler va reconnoître, à ma franchife, l'excellente opinion que j'ai de lui : je lui avouerai que
parmi tous les hommes que j'ai vûs, s'il
y en avoit un pour qui je puffe conce-
voir des fentimens que je n'ai jamais eus
pour perfonne, ce feroit un voifin de
ma famille, qui a fait profeffion de
m'aimer depuis mon enfance ; homme
d'honneur, vertueux, modefte, tel
que je crois Mr Fouler : Sa fortune, à la
vérité, n'eft pas fi confidérable que celle

du Neveu de Sir Roland Meredith ;
mais comme il n'y a point d'autre raison
qui puisse me faire préférer Mr Fouler
à lui , seroit-il fort honorable pour moi
d'accorder cette préférence à la fortune ? Je compte , Monsieur , que vous
userez généreusement de ma franchise.
Il ne conviendroit point que la personne dont je parle en fût informée ; non-
seulement pour lui , à qui je ne serai jamais rien , mais pour vous-même avec
qui je me suis expliqué si librement.

Il a répeté qu'il étoit le plus malheureux de tous les hommes;mais qu'il osoit
espérer du moins, que je lui permettrois
de revoir quelquefois son Ami Mr Reves. Je lui ai dit que je n'avois aucun
droit de m'y opposer , pourvû que ses
visites n'eussent point de rapport à moi ;
& je lui ai promis que lorsqu'il s'en
tiendroit à la civilité simple , sans me
rien demander au-delà , je le regarde-
rois toujours comme un homme dont
l'estime me faisoit honneur.

Il s'est levé , avec toutes les apparences d'une profonde tristesse. Il a tiré
son mouchoir. Il s'est promené dans la
chambre en soupirant , & je m'imagine
que ses soupirs étoient plus sinceres que
ceux de Greville. Ce mouvement a ra-

mené le Chevalier & Mr Reves par une porte, tandis que Mme Reves est rentrée par l'autre. N'attendez pas, ma chere, que je vous présente une nouvelle scène, qui deviendroit ennuyeuse par sa longueur. Combien de plaintes, combien de reproches & d'instances n'a-t-il pas fallu essuyer de l'Oncle & du Neveu? A la fin, me tournant vers le Chevalier, je lui ai dit que j'admirois la bonté de son cœur dans cette tendre obstination, & que je ne la regardois pas moins comme une preuve du mérite de Mr Fouler; mais que ne pouvant rien de plus pour leur satisfaction, je leur demandois la liberté de me retirer. Je suis remontée en effet dans mon appartement. Je me suis jettée dans un fauteuil, où l'image présente de tout ce que je venois de voir & d'entendre, m'a fait naître quantité de réflexions; & j'ai eu besoin de rappeller mes esprits de bien loin, pour vous écrire une si longue Lettre. Après tout, ma chere Lucie, plaise au Ciel, que dans la loterie du mariage, il ne me tombe pas pis que Mr Fouler!

Sir Roland a demandé plusieurs fois à M^r & Mme Reves, s'il n'y avoit aucune espérance que le tems & l'assiduité

puſſent changer mes diſpoſitions; ou ſi
l'on ne pouvoit pas ſe promettre quelque choſe en Province, par l'entremiſe
de mes plus proches Parens? Mais Mʳ
Reves lui a répondu qu'après la maniere
dont je m'étois expliquée, & dans la réſolution où ma famille étoit de ne pas ſe
mêler de mon choix, il craignoit que
toutes les démarches ne fuſſent inutiles.

Mardi à midi.

On me mena hier au Concert. Je
dois aller ce ſoir à la Comédie. C'eſt un
mouvement qui ne finit point. Mʳ Fouler eſt venu ce matin. J'étois en viſite
avec ma Couſine. Il a vû Mʳ Reves;
& dans un aſſez long entretien, il a marqué ſi peu d'eſpérance, que je me crois
délivrée de lui; d'autant plus que Sir
Roland doit retourner dans quelques
jours en Caermarthen. Il eſt venu lui-
même, une heure après ſon Neveu.
Mʳ Reves étoit ſorti, & nous étions
remontées en carroſſe, ma Couſine &
moi, pour aller faire quelques emplet-
tes à *Ludgatehill.* On ſe hâte de me faire des Robbes, & tout ce qui m'eſt néceſſaire pour paroître aux Spectacles
& aux Aſſemblées, avec Mylady Wil-

liams. Je suis d'une folie achevée ; mais c'est en partie la faute de ma Cousine. Vous trouverez ici des échantillons de mes étoffes. J'avois crû qu'en Northampton Shire, il ne nous manquoit rien pour les modes : mais on fait changer toutes mes robbes, afin que je ne paroisse point *effroyable* ; c'est le terme.

Me sera-t-il aussi aisé de me défaire du Baronet que de Mr Fouler ? Il est de retour, & j'ai appris qu'il a deja fait demander s'il pourroit nous voir demain après midi. Que me serviroit-il de m'absenter ? Il prendroit une autre tems ; & je ne ferois qu'augmenter mon embarras, ou lui donner peut-être une plus haute idée de son importance, si je lui laissois penser que je le crains.

LETTRE X.

Miss BYRON, *à Miss* SELBY.

Mercredi au soir.

SIR Hargrave est venu avant six heures. Il étoit mis somptueusement. C'est Mr Reves qu'il a fait demander d'abord. J'étois dans mon cabinet ; le portrait que Sir Allestris nous a fait de lui, ne

m'avoit pas donné plus de penchant à
le recevoir. Il s'est excusé d'être venu
de si bonne heure, sur son impatience,
& sur le désir qu'il avoit d'entretenir
un moment Mr Reves, avant que de
demander à me voir. Est-elle au logis?
C'est sa premiere question. Mr Reves a
répondu que j'y étois. Quelles graces
j'ai à lui rendre! a-t-il repris; j'adore
sa bonté. Ainsi vous voyez, ma chere,
que si je suis demeurée au logis, c'est
pour ne pas manquer sa visite.

Il faut que je vous fasse, d'après M^r
& Mme Reves, le récit de cette premiere conversation. Vous savez qu'il
n'échappe rien aux observations de
ma Cousine.

Depuis qu'il m'a vûe, a-t-il dit, le
tems lui avoit paru d'une longueur in-
suportable. Il se donnoit au diable
s'il avoit eu deux heures de repos. Il
n'avoit jamais vû de femme, pour laquelle il se fût senti tant d'inclination.
Sur son ame, il n'avoit point de vûes
qui ne fussent des plus honorables.

Il s'est levé plusieurs fois. Il a fait
quelque tours dans la chambre, en
ajustant sa parure, & se parcourant des
yeux depuis la poitrine jusqu'aux pieds.
Il a parlé, avec complaisance, de l'heu-

reufe perfpective qui s'ouvroit devant lui : non qu'il ignorât que j'avois à ma fuite une petite légion d'Admirateurs ; mais comme il favoit auffi qu'il n'y en avoit aucun de favorifé, il croyoit pouvoir fe flatter de quelque préference. Je vous ai déja déclaré, a-t-il dit à Mr Reves , que je donne carte blanche pour les articles. Ce que je ferai pour une femme fi raifonable , c'eft le faire pour moi-même. Mon ufage, Monfieur Reves , n'eft pas de vanter ma fortune ; mais j'expoferai devant vous, ou devant toute la famille de Mifs Byron , l'état exact de mon bien. Il n'y en eut jamais en meilleur ordre. Une femme, pour laquelle j'aurai tant de confidération , fera maîtreffe de vivre à la Ville , à la Campagne, comme fon inclination l'y portera. A la Campagne, elle choifira celle de mes Terres qui lui conviendra le plus. Je n'aurai point d'autre volonté que la fienne. Je ne doute pas de votre amitié, Monfieur Reves, a-t-il ajouté. Je mériterai la votre, Madame, & je vous affure que je me promets beaucoup de fatisfaction dans l'alliance que j'ai en vûe avec toute votre famille.

Il a rappellé enfuite la fcène qu'il avoit eûe chez Mylady Williams, avec

Mr Walden. Il a repeté quelques expreſſions de ſon Adverſaire, il a contrefait
pluſieurs de ſes grimaces ; & riant de
toute ſa force, à chaque trait dont il
relevoit le ridicule ou la groſſiereté, il
n'a laiſſé pour unique rôle, à Mr & Mme
Reves, que le tems de rire de lui, ou
du moins d'en ſourire, autant que la
bienſéance le permet, avec un Fat
dont on ne veut pas bleſſer la vanité.

. Comme on étoit prêt à ſervir le thé,
Mme Reves m'a fait avertir. Je ſuis deſ-
cendue. A mon arrivée, Sir Hargrave
s'eſt avancé vers moi, d'un air tendre.
Son compliment ne l'a pas été moins.
Charmante Miſs, m'a-t-il dit, j'eſpere
vous trouver autant de bonté que de
charmes. Vous ne ſauriez vous imaginer ce que j'ai ſouffert, depuis que j'ai
eu l'honneur de vous voir. Il m'a fait
là-deſſus une très-profonde révérence ;
& paroiſſant s'allonger, à meſure qu'il
ſe redreſſoit & qu'il levoit la tête en
arriere, on auroit crû qu'il étoit devenu plus haut pour s'être baiſſé. L'agréable Fat ! ai-je dit en moi-même. Je me
ſuis aſſiſe, & j'ai tâché de prendre un
air aſſez libre, en adreſſant quelques
mots à ma Couſine & à lui-même. Il a
demandé en grace que le thé fût diffe-

ré d'une demi-heure, & qu'avant l'arrivée des Domeſtiques, il lui fût permis de me répéter une partie de la converſation qu'il avoit eue avec Mr & Mme Reves. S'il n'avoit pas crû me faire beaucoup d'honneur, & s'il ne s'étoit pas fié à la vertu de ſes huit ou dix mille livres ſterling de rente, j'oſe m'imaginer qu'il auroit apporté un peu plus de cérémonie : mais après m'avoir dit en peu de mots, combien il avoit pris de goût pour mon caractere, il a jugé à propos de s'en rapporter à la déclaration qu'il m'avoit faite de ſes ſentimens chez Mylady Williams. Enſuite il a parlé des avantages, ſur leſquels je pouvois compter dans les articles. Il a vanté l'ardeur de ſa paſſion, & il m'a priée fort ardemment d'y répondre.

J'aurois pû tourner ſon diſcours en badinage ; d'autant plus que la chaleur, qu'il avoit parû mettre dans ces derniers termes, étoit accompagnée d'une volubilité de langue qui ne marquoit pas un cœur fort touché, ou qui n'étoit pas propre du moins à faire beaucoup d'impreſſion ſur le mien : mais pour couper cours à toutes ſes prétentions, je me ſuis déterminée à lui répondre

.pondre naturellement. Je lui ai dit : si
Je paroiſſois douter, Monſieur, de la
ſincérité de vos ouvertures, vous pour-
riez croire que j'en déſire d'autres aſ-
ſurances. Mais je fais profeſſion de bonne foi, & vous ne devez attendre de
moi que la ſimple vérité. Je vous rends
graces, Monſieur, de l'idée que vous
avez de moi ; mais je ne puis accepter
vos offres. Son étonnement ſurpaſſe
mes expreſſions. Vous ne pouvez, Mademoiſelle ! . . . Ce langage eſt - il ſérieux ? Juſte Ciel !

Il eſt demeuré en ſilence pendant
quelques minutes, en jettant les yeux
ſur moi, en les tournant ſur lui-même,
comme s'il eût dit ; la petite folle !
ſait-elle bien ce qu'elle refuſe ? Cependant, après s'être un peu remis de cette ſurpriſe : on m'avoit aſſuré, a-t-il
repris, que votre cœur étoit libre ;
mais il faut qu'il y ait ici de l'erreur.
Quelque heureux mortel . . . . . Je
l'ai interrompu : Quelle conféquence,
Monſieur ! Une femme ne peut - elle
refuſer les offres du Chevalier Pollexfen, ſans avoir le cœur engagé ?
Mais, Mademoiſelle, a-t-il répondu,
en balançant la tête, & peſant ſur
chaque mot, un homme de ma ſorte,

E

. . . qui n'eſt pas abſolument deſagréa-
ble, ni dans la figure ni dans les manieres . . . . qui tient quelque rang dans
la vie. . . . . Il s'eſt arrêté tout-à-fait;
& reprenant : Ne ſaurai-je pas vos raiſons, Mademoiſelle ? Du moins, ſi votre
refus eſt auſſi ſérieux qu'il le ſemble,
faites moi la grace de me les apprendre. Je verrai ſi je puis être aſſez heureux pour les détruire.

Je lui ai dit, avec la même franchiſe, que perſonne n'étoit maître de ſes
inclinations; qu'on accuſoit les femmes
de caprice, & que je n'étois peut-être
pas exempte de ce reproche, mais que
ſans en pouvoir donner de raiſons, on
ſe ſentoit attiré, dégouté. . . . Dégouté ! Mademoiſelle ; dégouté ! Miſs Byron. J'ai parlé en général, Monſieur,
je ſuis perſuadée que de vingt femmes,
il y en auroit dix-neuf qui ſe trouve-
roient très-flattées des attentions de
Sir Hargrave Pollexfen. Mais c'eſt vous,
Mademoiſelle, qui êtes cette vingtiéme que je ſuis forcé d'aimer. De grace
donnez moi quelque raiſon. . . . . Ne
m'en demandez pas, Monſieur, pour
une ſingularité. N'êtes vous pas vous-
même un peu ſingulier, de me faire la
vingtiéme ? Votre mérite, Mademoiſelle. . . . . Je l'ai encore interrompu. Il

y auroit de la vanité, Monſieur, à me payer d'une raiſon de cette nature... Je vous ai promis de la bonne foi : peut-être l'homme, à qui le Ciel me deſtine, aura moins de mérite que vous ; mais dois-je le dire ? il conviendra plus à mon goût. Pardon, Monſieur ; je m'expliquerois moins librement, ſi l'honneur me permettoit de vous tenir dans la moindre incertitude, lorſque je n'y ſuis pas moi-même.

Sa vanité m'a paru bleſſée. Il conviendra plus à votre goût ! a-t-il repeté pluſieurs fois, en jettant les yeux autour de lui. Et c'eſt donc ſérieuſement, Mademoiſelle, que vous êtes ſi déterminée ?

Oui, Monſieur.

Son air eſt devenu plus ſombre. Suis-je aſſez confondu ? a-t-il repris d'un ton aſſez bruſque. Mais je n'accepte point une réponſe ſi vague & ſi contraire à mes eſpérances. Vous m'avez promis de la ſincérité, Mademoiſelle; dites-moi du moins ſi vos affections ſont engagées. Dites-moi s'il exiſte quelque heureux homme, à qui votre cœur ait accordé la préférence ? Je lui ai répondu que je ne lui connoiſſois aucun droit pour me faire cette queſtion. Il a continué : per-

mettez , Mademoiſelle , que je m’expli-
que davantage : je connois Mr Fenwick
& Mr Greville. Ils m’ont avoué tous
deux que vous ne leur avez donné aucune eſpérance. Cependant ils déclarent qu’ils ne l’ont pas perdue. Dites,
Mademoiſelle , leur avez vous parlé
auſſi nettement qu’à moi ?

Eh bien , Monſieur ; je vous aſſure
que je leur ai fait les mêmes réponſes.

Et M. Orme ? Mademoiſelle.

Je le regarde , Monſieur , comme un
des meilleurs caracteres du monde.

Ah ! Mademoiſelle , que ne me dites-
vous donc que vous êtes engagée ?

Quand je le ferois , Monſieur , peut-
être cet aveu ne me ferviroit de rien..

Ne vous ferviroit de rien ! s’eſt - il
écrié fort vivement : en vérité , chere
Miſs Byron. . . . J’ai de l’orgueil, Mademoiſelle. Si je n’en avois point, je n’aſ-
pirerois pas à votre faveur ! Mais permettez moi de dire que ma fortune,
ma naiſſance & mon ardente affection,
n’ont rien qui ſoit indigne de vous.
C’eſt du moins le jugement que votre
famille en portera , ſi vous me faites
l’honneur de conſentir que je lui faſſe
l’ouverture de mes ſentimens.

J’ai répondu à ce fier propos : je ſouhaite, Sir Hargrave, que votre fortune serve à votre bonheur ; ce qui ne manquera point, si vous l'employez à faire du bien. Mais fût - elle incomparablement plus grande, cet avantage seul n'a point de charmes pour moi. Mes devoirs croîtroient avec mon pouvoir. Je ne jouis pas d'une grosse fortune; mais le fût-elle beaucoup moins, elle satisferoit mon ambition, aussi long-tems que je vivrai dans l'état où je suis ; & si je passe à l'état du mariage, je saurai me renfermer dans celle de l'homme que j'aurai choisi.

Ici l'air flatteur & passionné a repris place sur le visage du Baronet. Il a juré que je serois à lui, & que chaque mot qui sortoit de ma bouche ajoutoit un nouveau nœud à sa chaîne. Mais je l'ai prié de finir absolument un entretien que je ne pouvois plus supporter. A condition, m'a-t-il dit, que je lui permettrois de paroître quelquefois chez Mme Reves. Sans aucun rapport à moi, ai-je répliqué. Vous ne fuirez pas du moins, Mademoiselle, a-t-il repris; vous ne refuserez pas de me voir. Je vous le déclare, Miss Byron : vous avez un Amant de plus. Je ne cesserai pas de vous poursuivre que vous ne soyez à moi, ou que je ne vous voye la femme d'un autre.

Il a prononcé ces derniers mots, d'un ton qui m'a choqué autant que le discours même : ma réponse s'en est ressentie. Dans une conversation qui a duré trop long-tems, ai-je dit d'un air froid, je me félicite de n'avoir pas un mot à me reprocher, ou qui puisse me laisser le moindre regret. Cette réflexion l'a piqué. Il m'a répondu qu'il n'étoit pas de la même opinion ; & se baissant vers moi, d'un air assez insolent, il m'a dit qu'il me soupçonnoit d'un peu d'orgueil. De l'orgueil, Monsieur ! Oui, Mademoiselle, un peu d'orgueil, avec beaucoup de cruauté. De la cruauté, Monsieur ! De l'orgueil, Mademoiselle, de la cruauté & de l'ingratitude.

Il m'a paru alors que je ne demeurois plus que pour être insultée. Tout ce que j'avois entendu du Chevalier Allestris m'est revenu à l'esprit. Si vous me croyez si coupable, ai-je repris sans m'échauffer, trouvez bon, Monsieur, que je me retire, pour étudier un peu mieux mes sentimens ; & faisant une profonde réverence, je me suis hâtée de sortir. Il m'a conjurée de demeurer. Il m'a suivie jusqu'au pied de l'escalier ; mais je suis montée sans l'écouter.

M^r & Mme Reves m'ont raconté

qu'après mon départ, il avoit fait écla-
ter non feulement fon orgueil, mais le
fond de fon mauvais naturel. Il s'eft mor-
du les lévres. Il s'eft promené à grands
pas dans la chambre. Enfuite, s'étendant
fur un fauteuil, il s'eft abandonné aux
plaintes, il s'eft défendu lui-même, il
s'eft accufé, il a recommencé fes défen-
fes & fes accufations ; & cette fcène a
fini par fupplier M. & Mme Reves de
lui accorder leur protection. Il ne pouvoit comprendre, leur a-t-il dit, qu'a-
vec de fi honorables intentions, avec
tant de pouvoir de me rendre heureufe, il eût le malheur d'effuier des refus.
Son reffentiment s'eft tourné contre M.
Orme, qui eft, dit-il le Rival favorifé,
fi quelqu'un l'eft réellement ; car il croit
avoir reconnu que ce n'eft ni Greville
ni Fenwick. Il a confeffé que ma fierté
l'avoit piqué jufqu'au vif. Enfin il a
prié Mme Reves de me faire appeller en
fon nom. Mais l'humeur où elle le voyoit
ne la difpofant point à lui accorder cette faveur, il m'a fait prier lui-même de
defcendre. J'ai répondu civilement que
j'étois occupée à vous écrire, & que
j'efperois que Sir Hargrave, mon Coufin, & ma Coufine auroient la bonté
d'agréer cette excufe : j'ai nommé M.

E iiij

& Mme Reves, pour adoucir mon refus.
Cette réponfe n'a fait qu'irriter fa bile.
Il a demandé pardon à Mme Reves,
mais il a protefté qu'il s'attacheroit à
mes pas comme une ombre, & qu'en
dépit de la terre & des enfers, je ferois
Mylady Pollexfen. Il eft forti dans
cette chaleur ; les yeux roulans & le vifage enflâmé.

Ne vous femble-t-il pas, ma chere,
qu'étant comme je fuis, fous la garde
de mon Coufin Reves, il a pris cette
avanture avec un peu trop de patience dans fa propre maifon ? C'eft peut-
être cette raifon même, qui l'a rendu fi
tranquile. Nous le connoiffons pour un
des meilleurs hommes du monde. Et
l'éclat de huit ou dix mille livres fter-
ling de rente .... cependant , avec
une fortune auffi indépendante que la
fienne .... mais la grandeur a toujours
fes charmes.

Ainfi Sir Hargrave nous a confirmé
tout ce que le Chevalier Alleftris nous
avoit appris de fon caractere. Je
crois que de tous les hommes, c'eft
celui que je redoute le plus. Sir Jean
Alleftris nous l'a repréfenté méchant,
vindicatif ; fi je me retrouvois forcée de
l'entendre fur le même fujet, j'aurois

grand foin de lui répeter nettement que je n'ai pas le cœur engagé ; du moins autant que je le pourrai fans ranimer fes prétentions, dans la crainte qu'il ne fe porte à quelque violence. Je vous jure, chere Lucie, que de tous les hommes que j'ai vûs, il eſt le dernier dont je vouluſſe devenir la femme. Puiſſe-t-il être fi piqué que je ne le revoye jamais !

Mylady Williams nous a fait avertir qu'il y aura Bal d'Opéra Jeudi prochain. Elle veut fe réferver le foin de mes habits. Je lui ai fait dire que je ne voulois rien de trop remarquable, & que je ferois très-fâchée d'attirer fur moi tous les yeux de l'affemblée.

LETTRE XI.

Miſs Byron à Miſs Selby.

Vendredi 30 de Février.

UN Laquais de M. Greville eſt venu nous faire les complimens de fon Maître. Il eſt donc à Londres, ce M. Greville. Je fuis trompée fi je ne fuis bientôt en état de l'obliger ; c'eſt ma haine, comme vous ſavez, qu'il m'a demandée comme une grace. Je m'apperçois qu'on ne s'attire que des chagrins, en rendant des civilités pour des affectations d'eſtime. Cependant mon naturel m'y porte, & je ne puis m'en défendre ſans me faire une eſpece de violence. C'eſt donc moins un mérite qu'une véritable néceſſité. Je ne me rappelle d'avoir manqué de complaiſance que pour un jeune homme de qualité, qui par des conſidérations de famille me demandoit la permiſſion de me rendre ſes ſoins en ſecret. Vous n'avez pas ignoré cette avanture. Il me ſemble qu'en ſe prêtant à des traités ſi choquans, une fille s'engage dans un complot contr'elle-même, & plus ſouvent encore contre ceux à qui elle doit autant de confiance que de reſpect & d'honneur.

L'arrivée de M. Greville me chagrine. Je ſuppoſe qu'il ſera bien-tôt ſuivi de M. Fenwick. Il ne tient à rien, dans mon dépit, que je ne faſſe un effort pour aimer le modeſte Orme.

Samedi 11.

N'aurai-je à vous décrire que des scènes de galanterie & d'amour ? Sir Roland, Sir Hargrave & Mr Greville se sont trouvés ensemble aujourd'hui chez M. Reves. Sir Roland est venu le premier, un quart d'heure avant qu'on eût averti pour le thé. Après avoir demandé à ma Cousine si je n'avois pas changé de résolution, il a souhaité de m'entretenir seule un moment. Je me sens une véritable estime pour cet honnête vieillard. Ce que j'entens par l'honnêteté, ma chere, c'est le bon sens & l'honneur réunis avec la politesse & les agrémens. Un honnête-homme, qui l'est à ce titre, n'en est pas moins estimable pour être un peu singulier. Je suis descendue aussi tôt.

Sir Roland est venu audevant de moi. Il m'a pris avidemment la main, & me regardant de toute sa force ; bon Dieu ! la même douceur, s'est-il écrié, les mêmes graces sur ce charmant visage ! Comment est-il possible avec une phisionomie si obligeante . . . . . mais il faut être bonne, il faut . . . . . Ne me pressez pas, Sir Roland, ai-je interrompu : vous me causeriez du chagrin, si vous me mettiez dans la nécessité de répeter. . . . . Quoi ! m'a-t-il dit ; un re-

E vj

fus ? Ah ! chere Miſs , gardez-vous en effet de répeter vos cruels diſcours. Ne voulez-vous pas ſauver une vie ? Mon pauvre Neveu eſt réellement à la mort. Je voulois vous l'amener ; mais non, il craint trop de déplaire à la ſouveraine de ſon cœur. Connoiſſez-vous un amour ſi tendre ? & ne fait-on rien pour l'amour , quand on ne trouveroit rien d'engageant dans le mérite & la modeſtie ? Chere Miſs , n'endurciſſez pas votre cœur. J'étois réſolu de partir dans un ou deux jours ; mais je ne quitterai pas la Ville, fallût-il y demeurer un mois pour être témoin du bonheur de mon Neveu : & quand je ſouhaite le ſien , comptez que c'eſt pour faire le votre. Chere Miſs , rendez-vous …. , J'étois un peu touchée de ſon action , & je demeurois ſans répondre. Rendez-vous , a-t-il repris : ouvrez votre cœur à la pitié ; je vous demande un mot de conſolation pour mon Neveu. Je le demanderois à genoux , ſi je croyois que mes ſoumiſſions. … Oui c'eſt à genoux que je veux implorer votre bonté; & l'excellent Vieillard, ſaiſiſſant mon autre main , comme il en tenoit déja une, s'eſt laiſſe tomber en effet ſur ſes deux genoux.

Sa situation m'a jettée dans un extrême embarras. Je ne savois que faire ni que dire. Le courage me manquoit pour le relever. Cependant voir à mes pieds un homme de cet âge, qui avoit acquis des droits à mon estime ; les yeux humides, & les attachant sur moi, pour attirer, disoit-il, ma pitié sur son Neveu : que je me sentois attendrie ! Enfin, je l'ai conjuré de se lever. Vous me demandez de la bonté, lui ai-je dit d'une voix tremblante, & vous en manquez pour moi. O Sir Roland ! Que vous me causez d'agitations ! Je voulois retirer mes mains, mais il les tenoit serrées dans les siennes. J'ai frappé du pied, dans un emportement de reconnoissance. Sir Roland levez-vous ; je ne puis soutenir ce spectacle. Levez-vous, je vous en supplie ; & le même mouvement m'a fait mettre un genou à terre devant lui. Vous voyez, ai-je ajouté. ... Que puis-je faire de plus ? Levez-vous donc, Monsieur. Je vous prie à genoux de ne pas demeurer devant moi dans cette posture. En vérité, vous me chagrinez beaucoup. De grace laissez mes mains.

Deux ruisseaux de larmes couloient sur ses joues. Moi je vous chagrine !

Mademoifelle ! & Mifs Byron daigne s'abaiffer.. .. . Non , non , pour le monde entier je ne voudrois pas vous avoir caufé un inftant de chagrin. Il s'eft levé, il m'a laiffé les mains libres , & je me fuis levée auffi avec affez de confufion. Il s'eft retiré un moment vers la fenêtre, pour s'effuier les yeux de fon mouchoir. Enfuite revenant vers moi ; quelle foibleffe ! m'a-t-il dit avec un fourire forcé ; quelle enfance ! Comment pourrois-je blâmer mon Neveu ? Mais accordez-moi donc un mot , Mademoifelle : dites feulement que vous confentez à le voir. Permettez lui de paroître devant vous. Ordonnez - moi de vous l'amener.

Je le ferois, n'en doutez pas , lui ai-je répondu , fi Mr Fouler n'attendoit de moi que des civilités. Mais je veux aller plus loin, Monfieur , pour vous marquer toute la confidération dont je fuis remplie pour vous. Contribuez à mon bonheur par votre eftime & votre amitié. Permettez que je vous regarde comme un Pere, & que je prenne pour Mr Fouler tous les fentimens d'une fœur. Je ne fuis point affez heureufe pour appartenir à que'qu'un par des noms fi tendres ! Que Mr Fouler prenne auſſi les mêmes ſentimens pour moi. Toutes les viſites que vous me rendrez l'un & l'autre à ces deux titres, me feront plus cheres qu'elles ne peuvent jamais l'être autrement. Mais, ô mon Pere! car je veux déja vous donner ce nom; ne preſſez plus votre fille, ſur un point qu'elle ne peut vous accorder.

Les larmes du Vieillard ont recommencé ici, avec des ſoupirs qui m'ont cauſé une véritable émotion. Il m'a traitée d'Ange, de Divinité, de fille irréſiſtible. C'étoit ma bonté, m'a-t-il dit, ma douceur, ma franchiſe, qui le pénetroient juſqu'au fond du cœur. Je l'ai pris par la main, ſans écouter tout ce qu'il me diſoit encore pour ſon Neveu, & je l'ai conduit à M^r & Mme Reves, qui nous attendoient dans la chambre voiſine, & qui ont paru auſſi ſurpris de mon action, que de lui voir le viſage tout mouillé de larmes. Félicitez-moi, leur ai-je dit avec une vive exclamation. J'ai trouvé un Pere dans Sir Roland, & je reconnois un Frere dans ſon Neveu. Le bon Chevalier a porté ma main à ſa bouche & l'a preſſée de ſes levres. Il m'a nommée l'honneur de mon ſexe: il a proteſté que ſi je ne devois pas être ſa Niéce, la qualité de sa fille, que je voulois prendre, lui seroit plus chere & plus glorieuse qu'une couronne ; mais il est revenu à son Neveu. Mme Reves a voulu savoir ce qui s'étoit passé entre nous. Il commençoit à faire ce récit, qui l'auroit sans doute occupé long-tems ; lorsqu'on est venu nous annoncer le Chevalier Hargrave Pollexfen. Aussi-tôt Sir Roland s'est frotté les yeux, pour en chasser la rougeur, quoique son mouchoir n'ait servi qu'à l'augmenter. Il s'est regardé dans une glace ; il a toussé deux ou trois fois, comme si les muscles de son visage avoient dépendu du son de sa voix ; il a même fredonné quelques notes, en me disant qu'un petit air de chant bannissoit les traces du chagrin.

Sir Hargrave est entré d'assez bonne grace. Serviteur, Monsieur, lui a dit assez rudement le vieux Chevalier, pour réponse à une réverence muette que l'autre lui à faite à son tour. J'avois déja remarqué que l'air & la parure du Baronet avoient frappé Sir Roland. Aussi s'est il baissé vers Mr Reves, pour se hater de prendre des informations. Mr Reves les a présentés l'un à l'autre, comme deux personnes dont il se tenoit honoré d'être Ami. Le Baronet s'est

approché de moi pour me demander
mille pardons. . . . Pas un , Monſieur ,
ai-je interrompu. Il a repris : J'avoue,
Mademoiſelle , que la force de ma paſſion . . . . mais je vous compare. . . . Je
l'ai arrêté encore une fois, en l'aſſurant que tout étoit oublié. Tandis qu'-
il ſe plaignoit de ma facilité à lui pardonner, Sir Roland ſurpris de ce petit
dialogue , a dit à Mr Reves ; Je ne
m'en étonne plus. Helas ! Que va devenir mon cher Neveu ? Soyez tranquile
de ce côté là , lui a répondu Mr Reves. Cette aſſurance lui a fait reprendre un air gai , que je l'ai cru prêt à
fredonner. Se tournant vers moi. Les
gens ſont entrés là-deſſus , avec le déjeuner , & nous nous étions déja placés
pour le thé ; mais on eſt venu appeller Mr Reves, qui eſt rentré preſque
auſſi-tôt en introduiſant Mr Greville.
Avant qu'ils ayent pû s'approcher ; &
qui eſt encore celui-ci ? m'a demandé
Sir Roland , d'un ton un peu gallois.

Mr Greville s'eſt préſenté fort civilement. Je me ſuis informée de tout ce
que j'ai de cher dans Northamptonſhi-
re. Après avoir ſatisfait mon impatience , il m'a demandé ſi j'avois vû M^r
Fenwik ? Non, lui ai-je dit. Le traître !

a-t-il repris en souriant ; j'a cru qu'il m'a-
voit donné le change. Je l'ai perdu de
vûe depuis trois jours. Mais s'il n'est
pas ici , a-t-il ajouté d'une voix plus
basse , j'ai gagné une marche sur lui ;
& j'aime mieux , après tout , que ce
soit moi que lui , qui ait des excuses à
faire à l'autre. Je me suis dispensée
d'entrer dans leur démêlée , en lui apprenant que j'avois trouvé un Pere à
Londres , & lui montrant le Chevalier
Merdith , qui me permettoit de lui donner ce nom. Point de fils , j'espere , a-
t-il répondu en se tournant vers le Vieillard ; je me flatte, Monsieur, que la pa-
renté ne vient point de ce côté là.
Comme il a fait cette question d'un
air riant, le Baronet a protesté du même
ton qu'il avoit pensé à la faire aussi. Sir
Roland leur a dit fort civilement qu'il
avoit un Neveu , & que si je voulois
me rendre à ses désirs, il m'aimeroit
beaucoup mieux pour sa Niéce que
pour sa Fille. La conversation est devenue assez agréable jusqu'au départ du
vieux Chevalier , qui ne s'est pas retiré
sans me demander la permission de
m'amener encore une fois son Neveu ,
avant que de retourner en Caermar-

then. Je ne lui ai répondu que par une révérence.

Le Baronet & Mr Greville se connoissoient, pour s'être vus quelquefois aux courses de Northampton. Mais la politesse, avec laquelle ils se sont salués, ne les a point empêchés de se regarder d'un œil jaloux, & de paroître prêts, plus d'une fois, à se dire quelque chose de désobligeant. Le soin que j'ai eu, de faire tomber toutes mes attentions sur Sir Roland, a prévenu toutes sortes d'explications ; & lorsqu'il est sorti, on a badiné assez plaisamment sur l'air & l'accent de sa Province, dont il n'y a point d'apparence qu'il se defasse jamais. J'avois beaucoup d'impatience de voir partir aussi les deux autres. Ils sembloient s'appercevoir tous deux qu'il en étoit tems, mais n'être pas bien aises, l'un & l'autre, de sortir le premier. A la fin, Mr Greville, feignant de se rappeller que je n'aime pas les longues visites, s'est retiré sans autre affectation.

Il ne m'a pas été possible d'éviter les nouvelles excuses du Baronet, sur la mauvaise humeur à laquelle il s'étoit livré dans sa derniere visite. Mes réponses n'ont pas dû le rendre plus content de lui-même. Cependant, il est revenu à ses offres, dont il m'a fait un brillant étallage ; & ne s'appercevant point qu'elles fissent plus d'impression sur moi, il est tombé sur Mr Greville, qu'il soupçonnoit, m'a-t-il dit, de n'être pas venu à Londres sans dessein. Il ne m'a pas parlé de lui fort avantageusement ; mais je ne doute pas que Mr Greville ne parlât de même de Sir Hargrave ; & je m'imagine que ce ne seroit pas leur faire injustice, que de les croire tous deux.

J'ai répondu si nettement que je ne prenois pas plus d'intérêt à l'un qu'à l'autre, qu'après diverses marques de chagrin, le Baronet s'est cru en droit d'exiger, avec assez de fierté, les raisons de mon refus. Cet air, que j'ai remarqué dans ses yeux, m'a peut-être un peu picquée. Je lui ai dit, quoiqu'à regret, que puisqu'il me forçoit de lui expliquer mes sentimens, je n'avois pas de ses mœurs l'opinion que je devois avoir de celles d'un homme dont je voulusse faire mon Mari. Mes mœurs, Mademoiselle ! s'est-il écrié, en changeant plusieurs fois de couleur. Mes mœurs, Mademoiselle !

a-t-il répété. Son exclamation ne m'a point effrayée ; "quoique M.^r & Mme Reves paruſſent un peu ſurpris de ma franchiſe, mais ſans me faire connoître qu'elle leur parût blâmable. Mes objections, Monſieur, ai-je repris, ne doivent pas vous offenſer, puiſque c'eſt vous-même qui m'en arrachez l'aveu, & que mon deſſein n'eſt pas de vous faire des reproches ; mais, preſſée par vos inſtances, je dois répéter... ma langue n'a pas laiſſé de me refuſer ici ſon office. Mais il m'a dit, d'un air & d'un ton fort impatient ; continuez donc, Mademoiſelle.

La hardieſſe m'eſt revenue : en vérité, Sir Hargrave, je repete malgré moi que je n'ai pas de vos mœurs ... (fort bien, Mademoiſelle, a-t-il interrompu,) l'opinion que je dois avoir de celles d'un homme ſur le caractère duquel je penſerois à fonder mon bonheur pour cette vie, & toutes mes eſpérances pour l'autre. Ce motif eſt d'une haute importance pour moi, quoiqu'il ne m'arrive gueres de l'employer ſans de fortes raiſons. Mais permettez moi d'ajouter que je ne ſuis point laſſe du célibat. Je crois qu'il eſt toujours trop tôt, pour s'en-

gager dans une carriere éternelle de
foins ; & fi je n'ai pas le bonheur de
rencontrer un homme , à qui mon
cœur puiffe fe donner fans referve, je
renoncerai abfolument au mariage.
Que de malice , ma chere, j'ai remarqué ici dans fes regards ! Vous
paroiffez mécontent, Monfieur, ai-je
ajouté ; mais il me femble que c'eft
fans raifon. Vos vues font tombées
fur une perfonne qui eft maîtreffe
d'elle-même ; & quoique j'aye de l'é-
loignement pour les vérités dures, je
me fais honneur de ma franchife.

Il s'eft levé de fa chaife. Il s'eft
promené à grands pas , dans la chambre , en répétant à voix baffe ; vous
n'avez pas bonne opinion de mes
mœurs ! Mademoifelle . . . mais je fuis
réfolu de tout fouffrir . . . Cependant,
fi mauvaife opinion de mes mœurs !
Non , ma patience n'ira pas fi loin.
La-deffus, il a porté le poing au front,
en l'y tenant ferré quelques momens.
Enfuite prenant brufquement fon chapeau , il nous a fait une profonde
révérence , le vifage enflammé , du
tumulte apparemment de fes paffions;
& fans ajouter un feul mot, il a pris
le chemin de la porte. Mr Reves s'é-

tant hâté de le conduire , il a répété plusieurs fois ; du mépris pour mes mœurs ! J'ai des Ennemis , Monsieur. Du mépris pour mes mœurs ! Je suis le seul homme du monde que Miss Byron traite avec si peu de ménagement. Ses dédains peuvent lui attirer … que ne puis-je dire les miens ! Adieu , Monsieur , excusez cette chaleur, Adieu. Il est monté dans son Carosse , dont il a levé brusquement les glaces. Mr Reves nous a dit qu'il s'étoit allongé jusqu'à l'impériale , en se serrant les reins de ses deux coudes. Il est parti dans cette fureur. Ses airs menacans , son départ , tel que je vous l'ai réprésenté , & le récit de Mr Reves m'ont causé tant d'épouvante , que je n'en suis pas revenue d'une heure entiere.

Le charmant Parti pour votre Henriette , qu'un demi fou de ce caractère ! O Mr Fouler ! Sir Roland ! Mr Orme ! Que je vous trouve aimables, en comparaison de Sir Hargrave !

LETTRE XII.

Miss Byron à Miss Selby.

Mercredi 13 Février.

J'AI reçu la Lettre de mon Oncle & les deux votres. Tous les conseils qui me viendront d'un lieu si cher auront quelque effet pour ma conduite, soit à titre d'avis ou de reproche.

James est parti pour Northampton-Shire. Je vous prie de le recevoir avec bonté. C'est un très-honnête homme, & l'on m'assure qu'il a dans le cœur une forte inclination; ainsi l'impatience qu'il avoit de quitter Londres, se trouve expliquée. Je me souviens d'avoir entendu dire à mon Oncle, que les jeunes gens sans fortune, qui pensent au mariage, ne doivent point être découragés. Qui voudroit servir, lorsqu'il peut commander? L'honnête Pauvre est une partie très estimable de la race humaine.

Mr Reves a pris la peine de voir plusieurs Domestiques, qui se sont présentés pour moi; mais il n'en a point encore vû qui me convienne, à l'exception

ception d'un seul , qui s'est offert ce matin , âgé d'environ vingt-six ans , & de fort bonne physionomie. Je me propose de l'arrêter. Il paroit fort bien élevé, & digne même d'une meilleure condition. Mme Reves , qui en est extrêmement contente , a déja fait écrire au dernier Maître qu'il a servi. C'est un jeune homme , nommé Mr Bagenhall , dans le voisinage de Reading , dont il parle fort bien , & qu'il n'a quitté , dit-il très modestement , que parce qu'étant livré aux plaisirs de son âge , il aime à se retirer trop tard. Wilson , c'est le nom de ce nouveau Laquais , n'est à Londres que d'hier , & s'est logé chez sa sœur , qui est une Veuve , établie dans Smithfield. Il demande d'assez gros gages ; mais on ne doit pas se tenir à quelques pistoles avec un bon Domestique ; il faut l'aider à mettre quelque chose en réserve , pour le tems de la vieillesse & de l'infirmité. Mme Reves vouloit l'engager à la premiere vûe. Elle répond de lui , dit-elle , sur sa physionomie , & sur son langage. Je ne vous en aurois pas si longtems entretenue , si je n'étois fort portée à le prendre.

Sir Hargrave s'est fait revoir ici.

F

J'étois avec Mme Reves, & quelques Dames de nos Amies, qui étoient venues parler familierement une partie du jour avec nous, & je me suis excusée de le voir sous ce prétexte ; mais il a vû Mr Reves. C'est un mélange d'orgueil & d'humilité. Il avoit résolu, la derniere fois, de ne plus m'importuner par ses visites. Mes dedains l'avoient mortellement picqué. Mais la force lui manque pour soutenir ses résolutions. Il s'est reproché sa foiblesse. Je serai sa femme. Il en a juré ; un homme tel que lui, se voir refusé par une personne dont la fortune a si peu de proportion avec la sienne, & qui fait profession de n'avoir dans le cœur aucun homme qu'elle lui préfére ! (oh, Sir Hargrave se trompe sur ce point, car il y a peu d'hommes au monde que je ne préférasse à lui ; Se voir refusé, avec tous les avantages qu'il veut m'assurer, avec une figure, qui n'a rien assurement de méprisable !) & Mr Reves dit qu'alors, il s'est consideré de la tête aux pieds dans une glace voisine ; c'est ce qui lui paroît tout-à-fait inexplicable, absolument incompréhensible.

Il a demandé si Mr Greville

étoit venu avec quelques espérances.
Mr Reves a répondu que j'étois offen-
sée de son voyage, & qu'il n'en tireroit aucun fruit. C'est un tourment
de moins, a-t'il repris avec un soupir. Ce Mr Greville s'est échappé, dans
notre premier entretien, à quelques
discours un peu libres, sur lesquels je
veux passer, puisqu'il n'est pas plus
heureux que moi. Je connois sa présomption. Mais je souhaiterois que
l'affaire dépendît entre nous de la pointe de l'épée. Il n'obtiendroit pas de
moi une aussi pitoyable composi-
tion que de Fenwick. Ce que je ne
puis passer, Mr Reves, c'est le reproche qu'on fait à mes mœurs. Assurément, je vaux mieux sur ce point
qu'un Greville & un Fenwick. Quel
est l'homme au monde, qui ne s'est
pas accordé quelques libertés avec les
femmes ? Vous le savez, Monsieur.
Elles ne nous en estiment pas moins.
Un reproche à mes mœurs ! & dans
la bouche d'une femme ! sur ma foi,
l'objection est bizarre. Qu'en dites-
vous, Monsieur ?

Il me semble, ma chere, que Mr
Reves a poussé bien loin la patience.
C'est un homme fort doux, quoique

ma Cousine assûre qu'il ne manque pas de vivacité dans l'occasion. Il a donné une audience fort tranquille à Sir Hargrave, qui a pris congé de lui en jurant encore que je serois sa femme, malgré toutes sortes d'oppositions.

Lundi au soir.

Mr Greville est venu, à la fin de l'après midi. Il m'a demandé en grace quelques momens d'entretien particulier. Je l'ai prié de m'en dispenser, & de se souvenir qu'au Château même de Selby, je n'avois jamais eu cette complaisance pour personne. Mais il a supplié instamment M^r & Mme Reves, de le laisser seul avec moi. Son empressement étoit de savoir quelles étoient les esperances de Sir Hargrave. Il a marqué la-dessus une vive inquiétude. Il esperoit, m'a-t'il dit, qu'un homme de ce caractere feroit peu d'impression sur moi, & que Miss Byron ne donneroit pas la préférence aux seuls avantages de la fortune, sur un ancien serviteur, qui n'avoit pas cessé de l'admirer depuis son enfance, & qui ne manquoit de rien pour la rendre heureuse.

Je lui ai répondu qu'il étoit extrêmement facheux pour moi, de me trouver si souvent obligée de lui faire les
mêmes réponses ; que j'étois incapa-
ble d'offenser personne, surtout un Voisin qui étoit lié d'amitié avec toute
ma famille ; mais qu'il m'étonnoit,
de ne pas sentir que je ne lui devois
aucun compte de mes sentimens &
des visites que je recevois. Il m'a
fait des excuses, qui ont abouti à me
demander du moins quelque assurance
que je ne favorisois pas les prétentions de Sir Hargrave. Non, Monsieur, lui ai-je dit avec assez de force ;
je ne veux aucune explication de
cette nature. Ne seroit-ce pas vous
accorder un droit de censure sur ma
conduite, & vous donner des assurances qui sont fort éloignées de mes
intentions ?

Il a pris le Ciel à témoin qu'il
m'aimoit plus que lui-même. Il a juré
avec imprécation, qu'il persévéreroit
jusqu'au dernier soupir ; & que s'il
pouvoit penser que Sir Hargrave eut
conçu la moindre espérance, il pro-
nonceroit hardiment sur le nombre
de ses jours. M. Greville, lui ai-je
dit, je ne connois que trop vos em-

portemens. Ce qui s'est passé entre vous & M. Fenvick, m'a causé assez de chagrin ; & dans une entreprise de la même nature, vos jours pourroient être comptés, comme ceux d'un autre. Mais je n'entre point dans vos vûes. Ayez la bonté seulement de ne pas traiter d'incivilité, la résolution que je prens de renoncer déformais à l'honneur de vos visites.

Je voulois sortir. Il s'est mis entre la porte & moi. Au nom du Ciel, chere Miss ! Ne sortez point en colere. Si vous ne changez rien à mon sort, daignez du moins m'assurer que ce Petit maitre.... Eh ! De quel droit, ai-je interrompu, osez-vous exiger des assurances de cette nature ? Ses droits, m'a-t'il dit, n'avoient pas d'autre fondement que ma bonté. Chere Miss Byron, dites-moi que ce Sir Hargrave n'aura point l'art de toucher votre cœur. Dites le moi pour son intérêt, si ce n'est pas pour le mien ; car je sçais que peu vous importe ce que je devienne : mais que ce ne soit pas ce Tigre à face blême, qui obtienne votre affection. Ce nom peint son caractere. Si la préférence est réservée à quelqu'autre que moi , faites - là tomber du moins fur quelqu'un , au mérite & au bonheur duquel il ne foit pas impoffible de foufcrire. Pour votre propre réputation , choififfez , rendez heureux un homme d'honneur ; & fi je n'ofe vous fupplier en qualité d'Amant , faites la grace à un Voifin , à un ancien Ami , de l'affurer que ce ne fera pas le Chevalier Pollexfen.

Puis-je fçavoir , Monfieur , lui ai-je demandé d'un air tranquille , quelle affaire vous amene à Londres ?

Vous devinez la plus importante ; Mademoifelle. Il m'eft revenu que ce Petit-maître avoit des prétentions fur votre cœur , & qu'il fe vantoit déja du fuccès. Mais fi j'avois quelque certitude... que fes richeffes ne vous difpoferont pas...

Eh bien , M. Greville , retourne-riez-vous à Northampton-Shire ?

Au fond , Mademoifelle , maintenant que je me trouve à Londres , & que j'ai commandé un Equipage , & que j'ai d'autres arrangemens...

Le parti que vous prendrez là-deffus , Monfieur , eft tout-à-fait indifférent pour moi. Vous aurez feulement la bonté de vous fouvenir , que comme vos visites ne regardoient que mon Oncle Selby en Northampton-Shire, elles ne doivent avoir de rapport ici qu'à mon Cousin Reves.

Je sçais trop, Mademoiselle, que vous pouvez être cruelle quand vous le voulez. Mais vous plaît-il que je retourne en Province ?

S'il me plaît, Monsieur ? En vérité, M. Greville fera ce qu'il plaît à lui-même. Je demande seulement qu'on m'accorde la même liberté.

Vous êtes si délicate, Mademoiselle ! Si fort en garde contre la crainte de donner le moindre avantage !

Et les Hommes, Monsieur, en prennent tant de la moindre occasion ! Mais quelque idée que vous ayez de ma délicatesse, je suis juste, & je vous assure que si je n'étois pas déterminée....

Déterminée.... oui, oui, Mademoiselle, & quelquefois jusqu'à l'obstination. J'avoue que ma commodité ne me permettoit pas trop, de prendre ce tems pour venir à la Ville. Dites, Mademoiselle, que vous souhaiteriez de me voir partir, & que ni ce Sir Hargrave, ni le Neveu de votre nouveau Pere (car ces noms velles Parentés m'allarment) ne feront aucune impreſſion ſur votre cœur ; & que vous ne me refuſerez point l'honneur de vous voir dans les viſites que je rendrai à M. Reves ; je vous promets alors de partir avant la fin de cette ſemaine. J'écrirai, dès ce ſoir, à Fenwick, pour lui apprendre ce qu'il ne doit pas ignorer, & que je pars ſans emporter beaucoup de fruit de mon voyage. Cet avis pourra vous épargner la vûe de votre ſecond *fléau* ; c'eſt le nom que votre Couſine Lucie nous donne quelquefois à tous deux.

Vous êtes ſi peu capable de modération, Mr Greville, que d'autres pouvant ne l'être pas plus que vous, je ne vous diſſimulerai pas que ce feroit m'épargner quelque peine…

Ah ! prenez garde, Mademoiſelle, prenez garde vraiment, de donner trop d'avantage à un pauvre Malheureux, qui entreprendroit le tour du monde, ſur la moindre apparence de pouvoir vous obliger. Mais vous ne dites rien de Sir Hargrave & de votre-nouveau Frere ? Pardon, Mademoiſelle, ſi je ſuis aſſez effrayé par ces rampans, ces inſinuans perſonnages, qui vous attaquent du côté de la compaſſion, pour inſiſter ſur quelque aſſurance. Eh quoi ? Mademoiſelle, ne pouvez - vous me la donner avec vos précautions ordinaires ? Ne puis-je l'obtenir à titre de Voiſin & d'ancien Ami ? Car il n'eſt pas queſtion ici d'amour.

Eh bien, Mr Greville, en qualité de Voiſine & d'ancienne Amie, autant que pour l'intérêt de votre propre commodité, qui ne vous permettoit pas trop de venir à Londres, je vous conſeille de retourner en Province.

Avec quelle délicateſſe, Mademoiſelle, vous m'avez conduit à votre but ! Vous devez me remercier, au moins, de vous en avoir donné l'occaſion. Mais la condition, s'il vous plaît, la condition ; ſi je reçois l'avis d'une ſi bonne Voiſine.

Je ne la refuſe pas, Monſieur, & je vous déclare avec la derniere ſincérité, comme au Voiſin, comme à l'ancien Ami de ma famille, que je n'ai pas encore vû l'homme, dont je puiſſe penſer à faire mon Mari.

Vous l'avez vû, Mademoiſelle ; ſur ma foi vous l'avez vû : & le Mi-

férable s'eſt ſaiſi de ma main, en dépit de toute ma réſiſtance. Vous me
la donnerez, a-t'il dit en la portant
à ſa bouche ; & de ſes lévres, il me
l'a preſſée avec tant de violence,
qu'il y a laiſſé la marque de ſes dents.
Il m'eſt échappé un cri de ſurpriſe,
& je puis dire de douleur. Mais il a
contrefait mon exclamation ; & m'ar-
rachant l'autre main, ſur laquelle il
s'eſt hâté d'imprimer auſſi ſes dents ;
vous ſerez heureuſe, m'a-t'il dit, ſi je
vous en laiſſe une ; je vous mange-
rois volontiers toute vive. Voilà, ma
chere, votre languiſſant, votre in-
conſolable Greville.

Je me ſuis ſauvée dans la chambre
voiſine. Il m'a ſuivie, d'un air fort
libre. Il m'a priée de lui laiſſer voir
mes mains ; & ſe tournant vers Mr
Reves, il lui a dit d'un ton plaiſant ;
en verité, j'ai penſé dévorer votre
charmante Couſine ; je commençois
par ſes mains. Cette marque de tranquillité & d'aſſurance m'a plus offenſée
que l'action même, parce qu'elle m'a
fait connoître que ſa gaîté naturelle
n'étoit point alterée. Cependant je
n'ai pas voulu paroître trop ſérieuſe.
Mais je craindrois, ſi je me retrouvois

feule avec cet homme là , qu'il ne mangeât réellement mes deux mains. En fortant, il m'a dit qu'il me croïoit un peu revenue de ma fraïeur. Voïez, a-t'il ajouté, ce qu'on gagne à réduire un honnête homme au défefpoir. Mais vous voulez que je quitte la Ville ? Souvenez-vous donc de ce que vous m'avez declaré.

Il m'a laiffée fort aife d'être delivrée de lui. Pendant que Mr Reves le conduifoit , il a dit que pour aller au devant de tous mes défirs , il ne me rendroit plus qu'une vifite avant fon départ ; & qu'il alloit écrire fur le champ à Mr Fenwick qu'il retourne en Northampton-Shire.

LETTRE XIII.

Mifs BYRON à Mifs SELBY.

Mardi 14 Févr.

MIfs Clemer , pour laquelle je fens croître mon amitié de jour en jour , m'a fait voir ce matin fon Cabinet ; c'eft-à-dire , fes Livres , fes ouvrages de main , & tout ce qui fert

à ses occupations domestiques. Je me
suis cruë dans celui de ma chere Lucie ; car , au milieu de cette vie tumul-
tueuse , je ne cesse pas de penser à mes
chers amis de Northampton - Shire.
Deux heures , que je viens de passer
avec Miss Clemer , m'ont paru fort
courtes. On m'a dit qu'elle écrit parfaitement bien , & que c'est une Sevi-
gné pour ses correspondances. Je me
flatte d'être quelque jour de ce nombre. Mais je trouve que la plume &
ses lectures ne lui ont pas fait négliger
l'exercice de son éguille. Elle en est
d'autant plus respectable pour moi ,
que c'est un exemple à produire contre ceux qui n'approuvent point le savoir dans les femmes ; censure ,
quelquefois juste , mais trop générale.
Je ne voudrois pas que cette qualité
fit la principale distinction d'une femme que j'aime ; mais lorsqu'on a reçu
des talens, pourquoi ne les pas reconnoître , ou les laisser sans culture ? Il
me semble , ma chere , qu'après les
vertus essentielles de mon sexe , qui
font la modestie , la docilité , & l'attachement aux devoirs de la Religion
& de la morale , ce n'est point une
disgrace d'avoir l'esprit un peu cultivé,

Miſs Clemer eſt heureuſe, comme votre Henriette, par l'affection d'une Tante qui n'a rien de plus cher qu'elle. Sa Mere eſt encore au monde, mais elle n'aime qu'elle-même; & la nature lui a ſi peu parlé pour cette excellente fille, que M.me Wimbura, ſa Tante, n'a point eu de repos qu'elle ne l'ait fait venir près d'elle. Nous ſommes convenues, Miſs Clemer & moi, de nous voir ſans cérémonie.

J'aurois dû vous dire que la réponſe du dernier Maître de Wilſon ayant été fort à ſon avantage, je l'ai pris enfin à mon ſervice. Mylady Williams eſt venue dans mon abſence. Elle paroit fort occupée de nos parures de Bal, & de la mienne en particulier; mais c'eſt encore un ſecret pour moi. Nous devons prendre nos habits chez elle, & partir de là en Chaiſe à Porteurs. Elle ſe charge de tout. Vous ſaurez, ma chere Lucie, ſous quelle forme je dois paroître, lorſque j'en ſerai informée moi-même.

Le Baronet eſt venu auſſi, pendant que j'étois chez Miſs Clemer. Il n'a vû que M.r Reves, avec lequel il a paſſé près d'un quart d'heure. Son air étoit ſombre, ſon humeur chagrine; M. Re-

ves l'a trouvé tout different de ce qu'il
l'a vu jufqu'aujourd'hui. Il ne lui eſt
point échappé un fourire. Oui, non,
eſt tout ce qui eſt forti de ſes lévres,
avec quelques invectives neanmoins
contre les femmes. Maudit ſexe ! a-t'il
repeté plus d'une fois. Il eſt bien étrange, dit-il, qu'un homme ne puiſſe
être heureux avec les Femmes, ni
ſans elles. A peine a-t'il prononcé
mon nom. A la fin, Mr Reves l'ayant
un peu raillé ſur ſa mauvaiſe humeur,
il a pris le parti de ſe retirer, pour ne
ſe pas donner en ſpectacle plus long-
tems. Ses Laquais & ſon Cocher ne s'en
font pas mieux trouvés. Il les a querellés
ſans raiſon. Il eſt parti en jurant contr'-
eux, avec de grandes menaces. Que
demande cet homme-là ? Pourquoi
prendre Mr. Reves pour l'objet de ſes
caprices ? Mais qu'il ne ſoit plus queſtion de lui ; ni de rien, jufqu'à ma
premiere Lettre.

LETTRE XIV.

Miss Byron, à Miss Selby.

Mercredi au soir, 15 Février.

ENfin Mr. Greville a pris congé de nous ce soir, dans la résolution de partir demain. Il m'a demandé, avec instance un moment d'entretien particulier ; mais je me suis bien gardé d'avoir cette ,, complaisance pour lui. ,, Son regret, ,, m'a t'il dit, est de laisser à Londres ,, le présomptueux Hargrave, & le ,, rampant Fouler ; cependant il part ,, satisfait de m'avoir entendu déclarer ,, que je n'ai vû, dans l'un ni dans ,, l'autre de ces deux hommes, celui ,, pour lequel je puisse me sentir de ,, l'inclination. ,, Vous voyez, ma chere, que c'est un compliment qu'il se fait à lui-même ; car je me souviens de mes termes : j'ai dit que je n'avois point encore vû l'homme dont je puisse penser à faire mon Mari.

Avant son départ, Mr. Greville a

dit mille choses plaisantes sur le caractere de ses Rivaux, sur ce qu'il appelle ma dureté de cœur, & sur les tourmens du sien. Sir Hargrave étant venu dans le même tems, j'ai vû naître une conversation fort vive, dont j'ai d'abord apprehendé les suites. Mais Mme Reves m'a proposé de jouer un air de clavecin, qui a fait prendre un autre cours à cette chaleur ; & le Baronet, apprenant que Mr Greville devoit partir demain, est sorti plutôt qu'il ne sembloit en avoir eu l'intention, dans la joie apparemment de se voir le champ libre.

En nous quittant, Mr Greville a donné carriere encore à sa folle imagination ; & ce tour d'esprit a si bien disposé pour lui Mme Reves, qu'elle le regarde, dit-elle, comme le plus amusant de tous mes Importuns. Mais qu'est-ce donc que l'art d'amuser ? J'ai répondu, d'un ton assez froid, que Mr Greville est un homme sans mœurs ; & que s'il étoit capable de rougir de quelque chose, ou de ressentir l'amour qu'il s'attribue, il ne seroit ni si gai, ni si amusant qu'il l'est en effet. Là-dessus, Mr Reves a voulu savoir auquel du moins, des cinq Personnages qu'il appelle mes Amans , je pourrois donner quelque préférence. Je n'ai pas balancé à lui répondre que s'il parloit d'une préference de goût , il n'y en avoit aucun pour lequel je me sentiffe le moindre penchant ; mais que s'il n'étoit queftion que de mon jugement fur leur caractere , j'y mettois une difference extrême , à l'avantage de M.r Orme , qui me paroiffoit digne de l'eftime & de l'amitié de tous les honnêtes gens. Fort bien , a repliqué M.r Reves ; je fuis donc prêt à parier que tôt ou tard , la pomme eft pour M.r Orme.

Je l'ai laiffé dans cette opinion. Il m'a dit néanmoins qu'il feroit difficile de fe défaire de Sir Hargrave ; qu'aujourd'hui même il avoit declaré à Mylady Williams qu'il étoit refolu de l'emporter fur tous les obftacles ; que cette Dame fembloit s'intéreffer pour lui , & qu'elle s'étonnoit que je puffe refufer un homme fi riche & de fi bonne mine , auquel on a déja propofé plufieurs Partis du premier rang.

Mercredi 15.

Sir Hargrave fort d'ici. Je n'ai , ma chere , ni le tems , ni l'envie de vous raconter ce qui s'eft paffé avec lui de puis une demie-heure, & dans quel transport il est parti. Il avoit souhaité de me parler en particulier ; & je me suis crüe d'autant plus autorisée à n'y pas consentir, qu'il n'a jamais fait scrupule de s'expliquer fort librement devant Mr & Mme Reves. Cependant comme il est demeuré sans parler, ma Cousine s'est retirée la premiere, pour l'obliger ; & Mr Reves a suivi sa femme : ils ne lui devoient pas assurément cette complaisance. Je leur en fais fort mauvais gré.

A peine étoient-ils sortis, qu'il a voulu me prendre la main. Je l'ai retirée. Mademoiselle, m'a-t'il dit d'un ton fort brusque, vous n'auriez pas cette dureté pour M. Greville. Je suis le seul au monde que vous traitiez si mal. Je lui ai répondu civilement que j'en userois de même, avec tout homme qu'on laisseroit seul avec moi. Vous voiez, Mademoiselle, a t'il repris, qu'il m'est impossible de vivre sans vous. Mon cœur & mon ame vous sont dévoüés. J'ai de l'orgueil, je l'avoue. Pardon, si j'ajoute qu'il est picqué. Je croiois pouvoir attendre plus de bonté, de toute femme qui seroit sans engagement & qui n'auroit pas d'éloignement pour le

mariage. Votre cœur est libre, dites-
vous. Je souhaite, je m'efforce de le
croire. Mais ce Greville....

Il s'est arrêté, pour me laisser le tems
de répondre. J'ai répondu que sans lui
devoir aucune explication, mon usage
n'étoit pas de traiter incivilement ceux
qui faisoient profession pour moi de
quelque estime. Il a prétendu que je
n'exceptois que lui ; & revenant à ses
plaintes, il m'a pressée de m'expliquer
entre lui & Mr Greville. J'ai cru pouvoir échapper, en l'assurant comme
je l'avois déja fait, que je n'ai point
encore vû l'homme qui doit être mon
Mari. Mais son visage & ses yeux s'en-
flammant tout d'un coup, il a juré, à
peu près dans les termes dont M. Greville s'étoit servi dans la même occasion, que je l'avois vû, cet homme,
& que si mes affections n'étoient pas
engagées, il étoit devant mes yeux !
Je lui ai dit que si c'étoit l'unique sujet de sa visite, il auroit pû dispenser
M. & Mm Reves de sortir ; j'ai voulu me retirer. Il m'a coupé le passage,
Vous ne me quitterez pas, Mademoiselle ; je vous en conjure ! Eh ! bien
Monsieur, que souhaitez-vous de plus?
Aprenez-moi, Mademoiselle, si vous

avez du dégout pour le mariage. Quel droit avez-vous, Monsieur, de me faire cette question? Dites, chere Mifs, est-ce un état où vous ayez deffein d'entrer? Peut-être, Monfieur; fi je rencontre un homme à qui je puiffe donner entierement mon cœur. Eh! ne puis-je l'être, cet heureux homme? J'implore votre bonté, Mademoifelle! Je l'implore à vos pieds! La vie ne m'eft rien fans vous! Et le fier perfonnage s'eft jetté à genoux devant moi, les mains ferrées l'une contre l'autre, & les yeux attachés fur les miens.

Quoique ces fpectacles ne manquent point de caufer quelque émotion, quelle difference, ma chere, de celle que j'avois fentie en voyant Sir Rowland dans la même pofture! Il m'a paru clairement que c'étoit un rôlle prémedité. Que ne m'a-t'il pas dit néanmoins pendant plus d'un quart-d'heure, fans vouloir quitter fa fituation, fans me permettre de fortir de la mienne? Je me fuis vûe forcée de lui répeter une partie de mes anciennes réponfes. J'aurois fouhaité de pouvoir le congédier civilement. Mais il ne m'en a pas laiffé le pouvoir. Tout

humilié qu'il étoit , le langage de fa
paffion , & fes prieres mêmes , étoient
mêlés de menaces indirectes. Enfin ,
j'ai fenti la neceffité de lui déclarer que
je ne recevrois plus fes vifites. Il m'a
reprefenté que je le mettois au defef-
poir. Je n'en fuis pas moins fortie de
la chambre , pour rejoindre M. & Mme
Reves. Il s'eft levé alors , avec quelques imprécations que j'ai fort bien
entendues. Il m'a traitée encore d'or-
gueilleufe & d'ingrate ; & me fuivant
dans la chambre voifine , à peine y
a-t'il donné quelque marque d'atten-
tion à M^r & Mme Reves. Il a fait deux
ou trois tours en filence : & fe tournant
à la fin vers eux ; pardonnez , leur a-
t'il dit , avec une profonde révérence.
Il m'en a fait une plus cavaliere , en
me difant d'un air malin ; vous me dé-
fendez donc les vifites ? Mademoifelle.
Oui , Monfieur , ai-je répondu d'un
ton affez ferme ; & pour votre repos
comme pour le mien : vous m'avez extrêmement chagrinée. La premiere fois,
Mademoifelle , a-t'il repris.... Il s'eft
arrêté un moment ; & continuant , avec
un regard fier , la premiere fois que
j'aurai l'honneur de vous voir , ce fera.
j'efpere, avec plus de fuccès. Il eft parti.

Mr Reves eſt fort mécontent de toute ſa conduite, & ne blame point la réſolution que j'ai priſe de refuſer déſormais ſes viſites. Ainſi, je me flatte que le nom de Sir Hargrave ne reviendra plus ſi ſouvent dans mes lettres.

Nos habits ſont prêts. Mr Reves ſe met en Hermite ; ſa femme en Religieuſe, & Mylady Williams en Abbeſſe. Je n'aime pas trop les miens, parce qu'ils ont trop d'éclat ; c'eſt ce que j'apprehende le plus. On me met en Princeſſe Arcadienne ; mais ce déguiſement s'accorde ſi peu avec l'idée que j'avois de l'habit Paſtoral d'Arcadie, que c'eſt au contraire tout ce qu'il y a de magnifique & de recherché dans les nouvelles modes de France & d'Italie. On y vouloit joindre une Houlette ; mais je n'ai pas conçu qu'elle pût convenir avec ce riche équipage ; quoique je doive être ſans panier, car on ne porte point de panier dans l'Arcadie. Quelle figure je vais faire ! On ne ſe mettroit pas plus magnifiquement pour un Bal paré.

Ils m'affurent tous que je verrai des
Mafques, en habits auffi riches & même
auffi ridicules que le mien. Il en fera
ce qu'il plaît au Ciel ; mais je fouhai-
terois que cette nuit fût paffee. Je vous
affure que c'eft la derniere fois, comme la premiere , que j'affifterai aux
divertiffemens de cette nature. Mais
il faut prendre une idée des Mafqua-
rades. Attendez-en toutes les circonftances dans ma premiere lettre. Je me
repréfente votre impatience. Donnez
comme moi , chere Lucie , quelque
chofe à votre imagination ; & mar-
quez-moi quelquefois ce que vous pen-
fez des chofes, avant qu'elles arrivent.
Que de jolies conquêtes ne vous ima-
ginez-vous pas que votre Henriette
va faire , fous un fi bel habit ?

LETTRE.

LETTRE XV.

Mr. REVES d Mr. SELBY.

Vendredi, 17 Février.

CEtte Lettre, mon cher Monsieur Selby, n'est aujourd'hui que pour vous & pour la famille. Cependant ne soïez pas trop surpris. Mais comment vous apprendrai-je les nouvelles, les terribles nouvelles!... Ma femme en est tombée, depuis trois heures du matin, dans des vapeurs fort violentes. Ne soïez pas.... Mais comment puis-je vous dire de n'être pas trop affligés, lorsque nous sommes nous mêmes incapables de consolation?

O cher Cousin! Nous ne savons ce qu'est devenüe notre très chere Miss Byron. Je serai aussi exact sur les circonstances, que ma douleur & mon étonnement me le permettent. C'est une necessité, comme vous le reconnoitrez. M. Greville, je le crains fort.... Mais commençons par les circonstances.

Nous étions, la nuit derniere, au Bal de Haymarket. Les Porteurs de notre

G

chere Coufine , qui étoient loués comme les nôtres pour toute la nuit , fe
font laiffés engagés à boire. Ils avoient
promis à Wilfon , le Laquais de Miß
Byron , qu'ils feroient revenus dans
moins d'une heure. Il n'étoit pas plus
de minuit. Wilfon les ayant attendus
inutilement, l'efpace de deux heures,
a pris le parti de louer une autre Chaife , pour fuppléer. Entre deux & trois,
nous fommes convenus de retourner
au Logis. La chere perfonne étoit fa-
tiguée , de l'attention que tout le monde a marquée pour elle. Tout le monde l'a vûe avec admiration. Elle vouloit
partir avant nous ; mais Mylady Williams l'a fait confentir à demeurer un
quart d'heure de plus. Je n'ai pas
manqué de la conduire jufqu'à fa Chaife ; & je l'ai vûe dedans , avant que
de rendre le même office à Mylady
Williams & à ma Femme. J'ai fort
bien remarqué que la Chaife & les
Porteurs n'étoient pas les mêmes qui
l'avoient amenée. J'en ai demandé la
raifon, & j'ai reçu l'explication que je
vous ai déja donnée. Elle s'eft hâtée
d'y entrer , à caufe de fes habits ,
& pour ne pas fe réfroidir à l'air ;
fans compter que la curiofité avoit

amené plusieurs Masques après elle.

Il étoit alors près de trois heures.
J'ai donné ordre à Wilson de faire
arrêter la Chaise lorsqu'elle seroit hors
de la presse, pour attendre celle de
Mylady, celle de ma Femme & la
mienne. J'ai vû partir ses Porteurs,
& Wilson marcher devant eux avec
son flambeau. Je n'ai pas moins vû les
Masques rentrer dans la Salle.

Nos Valets n'ayant point apperçu
que la Chaise se fût arrêtée, nous avons
jugé que dans la foule & le bruit, Wilson n'avoit point entendu mes ordres;
& nous avons continué de faire marcher nos Porteurs, ne doutant point
qu'elle ne fût au Logis avant nous.
On avoit pris la résolution d'y retourner directement, quoique Mylady
nous eût proposé d'aller changer d'habits chez elle, où nous nous étions
masqués.

Nous avons été fort surpris de ne pas
trouver Miss Byron au Logis. Cependant ma femme a supposé que par mé-
prise elle avoit été conduite chez Mylady Williams, où elle seroit à nous
attendre; & j'y ai envoyé sur le champ.
Mais, bon Dieu! Dans quelle conster-
nation sommes-nous tombés, en ap-

prenant que Mylady n'en avoit aucune nouvelle ! Mr Greville, comme j'appréhende... Mais il faut que je vous donne tous les indices sur lesquels je fonde mes soupçons.

Hier au soir, Mylady Williams fut avertie, & je l'ai su d'elle au Bal, que Mr Greville qui prit congé de nous Mardi dernier, dans la résolution en apparence de partir le lendemain pour Northampton-Shire, n'étoit ni parti, ni dans le dessein de partir, & qu'au contraire, il étoit résolu de demeurer incognito à Londres, pour observer toutes les démarches de ma Cousine. Nous savons d'ailleurs qu'il lui avoit témoigné de la jalousie, sur quelques visites, qu'elle ne s'est pas attirées, je vous assure, mais qu'elle n'a pû se dispenser de recevoir.

Sir Hargrave Pollexfen étoit au Bal, en habit d'Arlequin. Il n'a pas été longtems à découvrir notre charmante Cousine, & malgré le chagrin qu'il a eu de ne pouvoir lui faire agréer ses offres, il n'a pas laissé de lui parler avec toute la politesse d'un homme du Monde. M'ayant rencontré un peu avant notre départ, il m'a demandé si je n'avois pas reconnu Mr

Greville entre les Mafques ? Je lui ai
dit que je n'y avois pas fait d'attention. N'avez-vous pas remarqué , m'a-
t'il dit , un Mafque en grand chapeau
rabbatu , avec un manteau de Scara-
mouche , & une lanterne fourde à la
main , qu'il préfentoit à tout le monde ?
C'étoit notre ami Greville. A la verité , j'avois obfervé plufieurs fois ce
Mafque ; mais je ne me fuis point rappellé qu'il eût l'air de Mr Greville ;
il m'avoit paru beaucoup plus gros.
Cependant, comme il vouloit qu'on le
crût parti , on comprend qu'il peut
avoir deguifé fa taille.

Vous favez que Mr Greville eft un
homme entreprenant. Il n'eft venu à
Londres , comme il l'a declaré lui-
même , que pour caufer de l'embarras
à ceux qui ont des prétentions fur le
cœur de ma Coufine. Il lui a vû deux
Amans declarés. Son premier deffein
étoit de paffer quelque tems ici , & de
prendre part aux amufemens de la
Ville. Il avoit même commandé un
Equipage neuf. Cependant tout d'un
coup , & quoiqu'il attendît Mr Fenwick , il a prétendu nous perfuader
qu'il étoit fur fon départ , & qu'il re-
tournoit droit en Northampton-Shire ,

fans avoir obtenu de ma Coufine la moindre explication en fa faveur. Toutes ces circonftances raffemblées, il ne paroît prefque pas douteux que Mr Greville ne foit au fond de cette noire avanture.

Ainfi vous prendrez, fur ces lumieres, toutes les mefures que votre prudence pourra vous infpirer. Si Mr Greville n'eft pas retourné dans votre canton... Si Mr Fenwick... Sais-je moi-même ce que je dois vous confeiller ? Le moins de bruit qu'on pourra faire fera le mieux, jufqu'à ce qu'on parvienne à quelque certitude. Que la nature de cette certitude me caufe de crainte ! Chere Henriette ! Mais je fuis fur que vous croirez devoir apporter tous vos foins à cacher cette terrible affaire à fa Grand-Mere, & même à votre chere Femme : cependant fes prudens confeils peuvent être neceffaires.

J'ai fix perfonnes dans les différens quartiers de la Ville, avec ordre de prendre des informations parmi les Porteurs & les Cochers. On ne peut s'imaginer que le nouveau Laquais foit un Miférable... Que dire ? Que penfer ? Nous avons envoyé chez fa Sœur, qui tient une Hôtellerie dans

Smithfield. Elle n'a point entendu parler de lui. J'ai fait chercher les Porteurs qui ont porté cette chere Fille à la maudite Mascarade. Ceux de Mylady Williams, qui les ont produits eux mêmes, les connoissent & savent leur *Numero*. Ils servent depuis St James jusqu'à Berkley-Square. On pourra découvrir quelque chose par leur moyen. Ils craignent sans doute de venir demander leur argent, qu'ils n'ont gagné qu'à demi. Malheur à eux, s'ils sont reconnus pour des Coquins !

Il m'est venu quelque soupçon sur Sir Hargrave, autant par rapport à l'idée qu'un de mes Amis nous a donnée de son caractere, que pour quelques emportemens dont j'ai été témoin, à l'occasion du refus que Miss Byron a fait de ses offres. J'ai envoyé chez lui, dans Cavendish-Square, pour savoir s'il étoit au logis, & à quelle heure il étoit revenu du Bal. On a repondu qu'il étoit au lit, & qu'on ne croyoit pas qu'il dût sortir avant le diner, parcequ'il attendoit compagnie. Il n'est revenu, dit-on, que vers cinq heures du matin.

Nous n'avons pas manqué d'envoyer

G iiij

auſſi à la Maiſon où Mr Greville étoit logé. Il a quitté ce logement ; & ſes Hôtes le croyent retourné en Province. Mais il eſt capable de toutes ſortes d'inventions pour déguiſer ſes deſſeins. J'étois bien perſuadé qu'il n'auroit pas tenu, en deux endroits, un langage différent. Heureux, ſi nous ne l'avions pas trouvé parti !

Mr Greville doit être le coupable. Vous aurez la bonté de depêcher promptement le Porteur, avec les informations que vous aurez pu vous procurer ſur Mr Greville. Je ſuis, helas ! tout à vous,

ARCHIBALD REVES.

LETTRE XVI.

Mr. SELBY à Mr. REVES.

Samedi 18 Fevrier.

OH ! Monſieur Reves, la pauvre chere Enfant ! La fleur de l'Univers ! Comment voulez-vous qu'une ſi terrible nouvelle ne ſorte pas de mon ſein ? Quel moyen de cacher ma conſternation ! Ma femme s'en eſt apperçüe. Elle en a voulu ſavoir la cauſe.

Je n'ai pu lui raconter cette fatale avanture. Helas oüi, fatale ! Sa Grand-Mere n'y survivra pas un moment. Nous la lui cacherons le plus longtems qu'il sera poſſible. Mais comment la lui cacher. Eh ! c'eſt donc véritablement que notre chere Fille a diſparu ! Oh Monſieur, Monſieur Reves !

J'ai donné votre Lettre à ma Femme. Elle s'eſt evanoüie avant que de l'avoir achevée. On m'avoit toujours repreſenté les Maſcarades comme une extravagance, plutôt qu'une déprava-vation ; mais je ſuis convaincu à pré-ſent que c'eſt le plus déteſtable de tous les amuſemens.

Vous êtes hors de vous même, Mon-ſieur, & ce n'eſt pas ſans raiſon. Qui de nous ſera plus capable de ſe mode-rer ? Chere, chere Enfant ! Que n'a-t'elle peut-être pas déja ſouffert ! Mais devions-nous permettre qu'elle s'éloi-gnat de nous ? C'eſt vous, Monſieur, qui n'avez pas voulu être refuſé. C'eſt vous qui vous êtes obſtiné à la mener dans cette Ville de perdition.

Quelque miſérable Libertin, j'en ſuis ſur.... Mais ce n'eſt pas Greville. On le vit deſcendre ici de ſa chaiſe de Poſte, hier au ſoir. Il n'avoit perſonne avec lui. Une demie heure après , quoiqu'il fût très tard , il nous envoya faire ses complimens & ceux de notre chere Fille , en nous faisant assurer qu'il l'avoit laissée en bonne santé , & plus heureuse , nous a-t'il fait dire dans son stile ordinaire , que disposée à faire le bonheur d'autrui. Il n'ignore pas que notre vie est attachée à la sienne.

Retrouvez-la , Monsieur. Rendez-la nous tranquille & en bonne santé ; sans quoi nous ne pardonnerons jamais à ceux qui ont été l'occasion de son voyage. Chere Niéce ! Elle s'est laissée vaincre. Elle n'avoit point de passion pour voir Londres. Le plus doux , le plus obligeant caractere ! Helas à quoi n'est-elle peut-être pas exposée ! Faites-la chercher de toutes parts. Mais vous n'épargnerez rien , nous n'en doutons pas. Que personne ne soit excepté de vos soupçons. Cette Mylady Williams.... Un complot de cette nature ne s'est pas fait sans la participation d'une femme. N'étoit-elle pas Amie de Sir Hargrave ? Ce Sir Hargrave ! Ce ne peut-être Greville. Quand nous n'en aurions pas les preuves que j'ai rapportées , Greville , tout méchant qu'il est , n'est pas capable d'une telle infamie.

Les premieres nouvelles qui vous viendront, bonnes ou mauvaifes, n'épargnez aucune dépenfe pour nous les communiquer.

Greville étoit ici à ce moment. Nous ne l'avons pû voir. Nous ne lui avons rien appris. Il eft parti dans une grande furprife, de s'être entendu dire par un de nos Gens, que nous avons reçu quelques mauvaifes nouvelles, qui ne nous permettent de voir perfonne. Ils n'ont pû l'inftruire mieux. Cependant notre douleur & la vûe de votre livrée leur fait juger qu'il eft arrivé

lons plus. Grand Dieu du Ciel ! Que
deviendra cette malheureuse Grand-

Plus de lumieres. Tout paroît d'une infernale obſcurité dans le complot. Ces deux hommes ſont réſolus, diſent-ils, de retrouver les Laquais qui les ont trompés, fuſſent-ils ſous terre, & les Porteurs qu'on a loüés à leur place.

Chaque moment nous ramene quelque Meſſager, avec differens récits; mais il ne nous eſt encore rien venu de conſolant. Cette raiſon me retient au Logis. O cher Ami! Je ne ſais où tourner mes pas; je ne ſais à quelle réſolution m'arrêter. Je renvoye mes Gens au moment qu'ils arrivent; mais avec moins de confiance que de déſeſpoir. Comptez que cette infâme action eſt de Mr Greville. Quoique mon Courier ne faſſe que partir, j'attens ſon retour avec une impatience mortelle.

Je jetterai à chaque occaſion, ſur le papier, tout ce qui pourra s'offrir; pour avoir toûjours une Lettre prête, & la faire partir auſſi-tôt qu'il nous viendra quelque lumiere. Cependant je n'attens rien de déciſif, que de vous.

Nos ſoupçons commencent à tomber ſur le Laquais; ce Wilſon, qui n'eſt chez nous que depuis trois jours.

S'il n'étoit pas mêlé dans cette affaire, on auroit entendu parler de lui ou des Porteurs qu'il a loués. Il feroit revenu au Logis. On ne me perfuadera point qu'ils ayent été enlevés ou affaffinés tous trois.

Maudite Mafcarade ! Jamais, jamais . . . .

※ ※

O Monfieur ! Le Laquais de Mifs Byron doit être un infâme Coquin. Sally (car ma femme eft fi mal qu'elle ne peut penfer à rien) Sally, la Femme de Chambre de notre chere Coufine, s'eft avifée de faire ouvrir le Coffre de ce Miférable. On a forcé les Serrures. Il ne s'y eft pas trouvé la valeur de dix fols. Cependant le Traitre ne parloit, le jour d'auparavant, que de fes amas de linge & d'habits. L'habile Fripon, fi c'en eft un ! Toute la maifon l'aimoit. Notre chere Fille l'avoit pris elle-même en affection. Il favoit tout, il connoiffoit tout le monde. Malediction fur fon favoir & fon habileté ! Nous avions apporté mille foins à trouver pour elle un excellent Domeftique.

à onze heures.

J'arrive de Smith-Field. J'ai vû la Sœur du Traître. C'en eſt un, je ne crains plus de le dire. Je parle de ce Wilſon ; c'eſt un Fripon exercé.

Sur quelques interrogations que j'ai faites à cette femme, après lui avoir demandé ce qu'il étoit devenu, elle a ſecoué la tête. Elle craignoit, m'a t'elle dit, que tout ne fût pas dans l'ordre ; mais elle étoit ſure que ſon Frere n'é-toit pas capable d'avoir volé. Ce qu'il a commis, ai-je repliqué, eſt mille fois pire que le vol. Elle a deſiré d'ê-tre éclaircie. Je lui ai fait entendre de quoi il étoit queſtion. Elle m'a repondu que ſon Frere étoit un jeune homme plein d'eſprit & de talens, qui cher-choit l'occaſion, ſans doute, de ga-gner honnêtement ſa vie ; & que c'étoit une choſe bien fâcheuſe, qu'il y eût des Maitres dans le monde, qui enga-geaſſent leurs Domeſtiques à de mau-vaiſes actions. Je lui ai demandé quel étoit le caractere de ce Bagenhall, que ſon Frere avoit ſervi ; & j'ai eu l'im-prudence de laiſſer échapper quelques menaces, qui l'ont ſans doute effraíée ;

car lorfque je fuis revenu à Bagenhall, elle m'a protefté qu'elle ne feroit pas d'autre reponfe, jufqu'à ce qu'elle fût fi la vie de fon Frere étoit en danger. Je lui ai garanti la vie de fon Frere, pourvû qu'elle me le fit retrouver avant qu'il fût arrivé le moindre mal à fa Maitreffe, & je lui ai demandé où il falloit envoyer. Elle m'a dit qu'elle n'en favoit rien, & je n'en ai pu tirer un mot de plus. Figurez-vous mon tranfport. Je lui ai offert une affez groffe fomme, pour m'apprendre feulement ce qu'elle favoit de Bagenhall, & de ceux qui emploioent fon Frere. Elle a juré qu'elle ne diroit rien, fans favoir auparavant s'il y avoit quelque danger pour fa vie. Que faire, lorfque cet entretien même s'étoit paffé fans témoins ?

Je me fuis hâté de retourner au logis, pour m'informer de ce qui pouvoit être arrivé dans mon abfence : Mais je reverrai bien-tôt cette femme,

propres craintes. Mylady Williams eſt
dans une affliction inexprimable. J'ai
dépêché un homme à cheval, à un Ami
que j'ai à Reading, pour être mieux

✻ ✻

à deux heures après midi.

Votre impatience doit être extrême. Mais j'ai eu besoin de quelques momens pour me remettre, avant mon récit. O chere, chere Miss Byron ?

Le nom du Porteur, que j'ai chez moi, est *Macpherson.* Son associé se nomme *Dermot.* Wilson les a loüés pour conduire une jeune Dame à Padington. * A Padington ! l'Infame Coquin.

Ils ont objecté l'éloignement & le danger ; mais, suivant l'aveu de Macpherson, pour mettre leur service à plus haut prix. A l'égard du danger, Wilson leur a dit qu'en sortant de la Ville il devoit être joint par trois de ses compagnons, & bien armés. Pour la distance, il leur a promis qu'ils seroient payés noblement ; & les arrhes ont été chacun leur écu. Il n'a pas manqué, par-dessus, de les traiter dans un cabaret voisin ; & là, pour prévenir apparemment leur curiosité, il leur a dit que sa Maitresse étoit une jeune Heritiere, qui étoit actuellement au

Village, à un mille de Londres.

Bal, & qui étoit convenue de s'en-
fuir avec son Amant ; mais que le
Gentilhomme ne devoit paroître que
dans la Maison où ils devoient la conduire : qu'à la verité, elle s'imaginoit
aller droit à l'Eglise, pour y être mariée
sur le champ, & que malgré l'heure
qu'il étoit, elle s'y croyoit attendue
par un Ministre ; mais que le Gentil-
homme, aussi délicat sur l'honneur que
sur le fond de ses engagemens, vouloit
essayer d'abord s'il ne pourroit pas obtenir le consentement de la famille :
qu'il pouvoit arriver de là, qu'en s'appercevant de la longueur du chemin,
elle parût effraïée, & qu'elle fit diverses
questions ; que pour le monde entier il
n'étoit pas capable de lui causer la
moindre peine, mais qu'il s'étoit chargé
de la tromper un peu, pour son propre
interêt ; & qu'après le succès de l'entreprise elle lui sçauroit bon gré de cette
innocente imposture ; que par consé-
quent, quelques ordres qu'elle pût leur
donner, ils ne devoient obéir qu'à ceux
qu'ils recevroient de lui ; qu'ils en seroient recompensés au delà de leurs
espérances : enfin, qu'ils ne devoient
pas faire d'attention même à ses cris,
parce qu'elle étoit pleine de fraïeurs,

& dans une irréſolution continuelle, qui ne pouvoit être fixée que par le ſuccès de l'évenement.

Les précautions de l'infâme Traître ont été plus loin, car il les avoit avertis de ne faire aucune réponſe aux queſtions qu'ils pourroient recevoir de ceux qui conduiroient la jeune Dame à leur chaiſe, & de s'en repoſer ſur lui. Il avoit ajoûté, que s'ils voïoient paroître d'autres chaiſes, ils n'y devoient faire aucune attention, mais demeurer un peu en arriere, & ſuivre fidelement ſon flambeau.

Macpherſon dit, qu'au moment que je l'ai laiſſée dans la chaiſe, elle a tiré ſoigneuſement les rideaux, dans la vûe ſans doute de cacher ſes habits de Bal.

Les Porteurs, pleins de leurs inſtructions, ſe ſont mis en marche auſſi-tôt, ſans attendre nos trois Chaiſes. Cependant, cette chere Fille doit avoir entendu l'ordre que je leur ai donné. Ils ont fait beaucoup de chemin avant qu'elle ait paru s'en appercevoir ; alors même elle leur a parlé trois fois, ſans qu'ils aïent paru l'entendre ; mais à la troiſiéme, ils ſe ſont arrêtés, & le Laquais s'eſt préſenté pour recevoir ſes ordres. Où ſuis-je, Wilſon ? a-t'elle demandé.

Il a répondu qu'il ne restoit qu'un pas jusqu'au logis. Il me semble, a-t'elle repris, qu'on m'a fait faire un fort grand tour. Le Traître a repliqué qu'on y avoit été forcé, pour éviter la foule des Carosses & des Chaises.

Les Porteurs ont recommencé à marcher, & se sont vus joindre, comme Wilson les en avoit avertis, par trois hommes, dont ils ont pris l'un pour le Maitre, parcequ'il portoit un manteau retroussé sur le visage, & qu'il avoit à la main une fort belle epée. Mais il n'a pas dit un mot. Il n'a donné aucun ordre. Il s'est tenu derriere la chaise, avec les deux autres, pour n'être pas apperçu de ma Cousine.

A Maribone (*), elle a parlé encore. Bon Dieu ! a-t'elle dit avec plus d'inquietude, où suis-je menée ? Porteurs, Porteurs, arretez. Wilson ? Appellez mon Laquais, Porteurs. Ils l'ont appellé. Ils ont ouvert la portiere ; mais Dermot s'est mis si près, qu'elle n'a pû voir fort loin devant elle. Wilson leur a dit en s'aprochant ; quelle lenteur en effet ? Ne m'aviez-vous pas dit que nous touchions à la rue ? Voyez dans quelles allarmes vous

(*) Village entre Londres & Padington.

jettez ma Maîtreſſe. Mademoiſelle ,
nous ſommes tout à l'heure au logis.
Ils ont continué leur marche , en a-
vouant qu'ils avoient manqué le chemin , & feignant tous deux de ſe reconnoître... Elle n'a penſé qu'alors à tirer
les Rideaux ; & dans le même inſtant
ils lui ont entendu dire ; Ciel ! protege-
moi. Bon Dieu ! ne ſuis-je pas au milieu
des champs ? Ils étoient alors entre
Marybone & Padington. Macpherſon
dit , qu'en l'entendant recourir au Ciel ,
il a jugé qu'elle étoit trop timide & trop
pieuſe pour être engagée dans une in-
trigue d'amour : cependant , preſſés
par leur infâme guide , ils ont doublé
le pas. Alors elle a jetté un cri ; & dans
le mouvement qu'elle a fait des deux
côtés , aïant apperçu un des trois hommes , elle lui a demandé ſon aſſiſtance ,
au Nom de Dieu. Ce Miſérable a parlé
rudement aux Porteurs , & leur a commandé d'arrêter. Elle a demandé Groſ-
venor-ſquare. (*) C'étoit à Groſvenor-
ſquare , a - t'elle dit , qu'on devoit la
conduire. Eh bien , Madame , a répondu
l'Homme , vous y êtes dans un inſtant.
Il eſt impoſſible , a-t'elle repliqué. Ne

(*) Belle Place de Londres , dont le centre
eſt un Jardin.

vois - je point des champs autour de
moi ? Je suis au milieu des champs.
C'est Grosvenor-square, lui a-t'on dit ;
vous voïez les arbres & le Jardin de
Grosvenor - square. Par quel étrange
chemin nous avez - vous conduits ? a
crié Wilson aux Porteurs ; & tout d'un
coup, il a pris le parti d'éteindre son
flambeau sous ses pieds, tandis que l'autre, prenant la lanterne des Porteurs,
ne leur a laissé que la foible lumiere de
quelques Etoiles pour se conduire.
Alors la pauvre Infortunée a poussé un
cri si pitoyable, que Macpherson prétend en avoir été penetré jusqu'au fond
du cœur. Mais il n'en a pas moins suivi
Wilson, qui s'est applaudi d'arriver au
Port, ce sont ses termes ; & qui l'a
conduit par un chemin detourné, le
long des murs d'un Jardin. Un des trois
hommes, qui avoit pris le devant, s'est
hâté d'ouvrir une porte de derriere, &
l'a tenue de la main. La Chaise y est
entrée ; & pendant qu'elle a traversé le
Jardin, jusqu'à la Maison à laquelle il

lées par l'homme en manteau , font ve-
nuës la fecourir , avec de grandes apparences de tendreffe. Elles ont dit
quelques mots d'admiration fur fa beauté , avec des marques affez vives d'interêt ; comme fi leur crainte eût été
qu'il ne fût trop tard pour efpérer quelque chofe de leurs foins. L'Homme en
manteau a paru troublé. Wilfon eft entré dans la Maifon , avec ceux qui ont
tranfporté cette chere Créature. Mais il
eft bien-tôt revenu aux Porteurs , qui
l'ont vû recevoir beaucoup de félicitations & de careffes de l'homme en
manteau. Il leur a mis à chacun leur
Guinée dans la main ; & les aïant ac-
compagnés lui - même jufqu'à la derniere porte du Jardin , il a refufé d'al-
lumer la chandelle de leur lanterne :
mais il leur a donné , pour les conduire ,
un homme , qui les a fait paffer par des
ruelles fort fales & fort rudes , pour
aboutir à l'entrée d'un fentier qui me-
noit vers Londres. Il eft clair qu'on
n'a pas eu d'autre vûe que de leur
rendre le chemin difficile à retrouver.

On eft parvenu à nous amener l'autre Porteur. Il fait exactement le même
récit.

récit. Je leur ai demandé à tous deux,
qu'elle forte d'homme ils ont crû voir
en manteau. Mais il apportoit tant de
foin à fe couvrir ; & dans la Maifon
comme en chemin, ils ont eu fi peu
d'occafions de l'obferver, que je n'ai
pû tirer beaucoup de lumieres de leur
defcription. Sur leurs propres offres,
j'ai trouvé bon qu'ils retournaffent au
même lieu, avec les Porteurs de Mylady Williams, pour effayer de reconnoître leurs traces. Avec quelle ardeur
n'embraffe-t'on pas les plus foibles ref-
fources, lorfqu'il ne fe préfente rien
de plus certain ?

⁂ ⁂

J'ai voulu fçavoir de Mylady Williams, d'où elle avoit appris que Mr
Greville n'avoit pas quitté Londres, &
fe propofoit d'y demeurer fecretement,
Elle m'a nommé une Madame Brefton,
de Boundftreet (*), fans pouvoir me
dire, fi cette femme connoiffoit Mr Greville. Je fuis allé auffi-tôt dans Boundftreet. Madame Brefton m'a dit qu'elle
tenoit cette nouvelle de Sir Hargrave
Pollexfen, qui s'étoit expliqué fur Mr
Greville avec affez de chaleur, pour en
faire craindre des fuites; ce qui ne l'avoit

______
(*) Rue de Londres.

H.

rendue que plus ardente à informer Mylady , pour les prévenir.

A préſent , Monſieur , quand on ſe rappelle le Maſque à lanterne ſourde , (information qui nous vient de Sir Hargrave , car nous n'avons pas vû ce Maſque nous-mêmes ,) & le déſir qu'avoit Mr Greville de nous perſuader de ſon départ ; peut-il reſter quelque doute.... Cependant c'eſt de Sir Hargrave que vient l'information ; & n'eſt-il pas vraiſemblable que Mr Greville lui auroit caché ſa marche , avec autant de ſoin qu'à nous ? Je veux aller ſur le champ chez Sir Hargrave. Il devoit diner chez lui. Il y attendoit compagnie : Si je ne puis obtenir de le voir , s'il eſt abſent... Mais ſuſpendons les conjectures juſqu'à mon retour.

O Monſieur ! Je commence à croire que j'ai fait une injuſtice à Mr Greville. Je tremble que votre chere Niece ne ſoit tombée dans des mains incomparablement pires que les ſiennes. Sir Hargrave n'eſt pas chez lui. Il y eſt. Il a compagnie. On ne ſauroit lui parler. Telles ſont les differentes réponſes que j'ai reçûes de ſon Portier. J'ai remarqué dans cet homme, autant d'embarras, qu'il a du me trouver d'impatience ; mais il eſt évident pour moi, qu'il avoit ſes inſtructions. En un mot, j'ai de fortes raiſons de croire que Sir Hargrave n'eſt par rentré de toute la nuit. L'homme à manteau ne peut-être que lui. Tout ce qu'Alleſtris nous a dit de ſa méchanceté, & ſa conduite arrogante avec notre chere Miſs Byron, lorſqu'elle a rejetté ſes offres, ne me revient que trop à l'eſprit. Grand Dieu ! Seroit-elle tombée au pouvoir d'un homme de cette trempe ? Ha ! Que ne puis-je m'en tenir à mes premieres défiances ? Greville, tout dangereux qu'il eſt, me paroît plus honête homme. Il eſt du moins de bien meilleur naturel. Il n'auroit pas des vûes moins honorables que le mariage. Mais l'autre, ſi c'eſt lui,... je ne puis, je n'oſe me livrer à cette idée.

❊ ❊

Les quatre Porteurs viennent d'arriver. Ils croient avoir retrouvé le lieu ; mais après y avoir pris quelques informations, qui me mettent plus que jamais à la torture, il ſe ſont hâtés de revenir, pour me demander de nouveaux ordres. H ij

S'étant adreſſés au premier Cabaret, ils ſe ſont informés ſi l'on ne connoiſſoit pas un long jardin, avec une porte de derriere, qui donne ſur une ruelle fort ſale, & ſur les champs. On leur a répondu qu'on le connoiſſoit parfaitement, & que la maiſon, à laquelle ce jardin appartient, donnoit ſur la grande rue. Ils ſe ſont fait apporter quelques liqueurs; & dans l'entretien qu'ils ont continué d'avoir avec l'Hôte, ils ont ſçu de lui que cette maiſon eſt occupée, depuis près d'un an, par des gens de fort bonne réputation; que la famille eſt compoſée d'une Veuve, qui ſe nomme *Auberry*, de ſon fils & de deux filles; & que le fils, âgé d'environ trente ans, exerce un Office à la Douane, d'où il nevient que le ſamedi au ſoir, pour s'en retourner le lundi matin. Mais, leur a dit le Cabaretier, en s'interrompant, il eſt arrivé cette nuit une bizarre avanture, qui m'a fort allarmé.

Il a fait d'abord quelque difficulté d'achever, parce qu'il n'aimoit pas, a-t'il dit, à ſe mêler des affaires d'autrui. Mais à la fin, il leur a raconté que vers ſix heures du matin, il avoit été reveillé par le bruit, & qu'aïant mis la tête à sa fenêtre, il avoit apperçu à la porte de Madame Auberry un Carosse à six chevaux, & trois ou quatre hommes à cheval ; qu'il s'étoit habillé, & qu'il avoit ouvert la sienne; mais que les Cochers & les Laquais avoient été si reservés, qu'ils ne s'étoient point approchés de sa Maison ; sobrieté rare, a-t'il dit, pour des gens de livrée, & qui n'avoit servi qu'à rendre sa curiosité plus vive : que vers sept heures, une des filles de la Veuve étoit venue à la porte, avec une chandelle à la main , & qu'elle avoit dit au Cocher de ranger sa Voiture, aussi près qu'il pourroit de la Maison ; que trois minutes après , il avoit vû paroître à la porte un homme, en habit galonné , qui tenoit sous le bras une autre personne , de taille moyenne, enveloppée d'un manteau d'écarlate , resistant, avec les apparences d'une grande douleur , à la violence qu'on emploïoit pour la faire monter dans le Carosse , & demandant grace , d'un ton de voix qui la faisoit reconnoître pour une femme : que l'homme avoit fait des protestations fort vives d'amour & d'honneur ; mais que malgré les efforts de la Dame , qui paroissoit livrée à la plus amere affliction, il ne l'en avoit pas moins levée dans le Caroſſe ; que l'y voyant entrer avec elle, elle avoit pouſſé un grand cri, pour demander du ſecours ; qu'enſuite ſa voix étoit devenue plus ſourde, comme ſi ſa bouche eut été bouchée d'un mouchoir ; & que l'homme avoit commencé à parler plus haut, d'un ton qui paroiſſoit menaçant ; que le Caroſſe étoit parti à grand train, & tous les Cavaliers à la ſuite. Pendant les efforts que la Dame avoit faits pour reſiſter, le Cabaretier avoit obſervé qu'elle étoit richement vêtue ſous ſon manteau. Une demie heure après, il avoit vû arriver un Caroſſe à quatre chevaux, où la Veuve étoit montée avec ſes deux filles, & dans lequel ces trois femmes avoient pris la route de l'autre. Après leur départ, ſa curioſité lui avoit fait demander à la Servante de la maiſon, qui étoit une fille ſimple & groſſiére, où ſes Maîtreſſes pouvoient être allées ſi matin ? Elle avoit répondu qu'elles étoient allées à Windſor, ou dans le canton ; & qu'elle ne les attendoit que dans huit jours.

O le déteſtable Hargrave ! Il a des Terres proche de la Forêt de Windſor. Je ne doute plus qu'il ne ſoit l'Infâme.

Qui fait ce que cette chere Fille peut avoir fouffert, avant que d'être traînée dans le Caroffe ? Ciel ! Soutiens ma patience. Infortunée Mifs Byron ! Je me repréfente fes prieres, fes larmes, fes cris étouffés ! O l'infame Hargrave !

J'ai déja raffemblé autant d'hommes & de chevaux, que deux mes Amis m'en ont pû fournir. Nous ferons neuf, en comptant mes deux Laquais avec moi. Je pourfuivrai le Miférable, jufqu'à l'extrémité du Monde. Mais nous n'irons pas fi loin pour le trouver. Notre premiere courfe fera chez luiméme, dans la Maifon qu'il a près de Windfor. Si nous ne l'y trouvons point, nous irons tomber à Reading, chez ce Bagenhall. Ce feroit perdre du tems que d'aller à Padington : la Friponne de Veuve & fes deux filles n'y font plus ; & l'on n'y trouveroit qu'une Servante mal informée, dont on ne tireroit que ce qu'on fait déja. Cependant j'ai accepté l'offre de Mylady Williams, qui propofe d'y envoier fon Maitre-d'Hôtel, avec les deux Porteurs, pour nous procurer tous les éclairciffemens dont j'aurai befoin à notre retour.

H i v

Demain , à quatre heures du matin , les six hommes qu'on me prête , & moi-même avec les deux miens bien armés , nous devons nous trouver au coin de *Hyde-Parck*. Il est cruel , d'avoir encore une nuit à passer dans cette agitation. Mais tant de gens ne peuvent être prêts plutôt. Ma femme me fait promettre d'emploïer le bras de la Justice , dans quelque lieu que je puisse découvrir l'Infame , ou notre chere souffrante. Nous nous diviserons , pour suivre les deux chemins , en prenant des informations à chaque passage ; & nous conviendrons d'un rendez-vous. Je suis mortellement harassé ; mais c'est l'ame qui souffre le plus.

❊ ❊

O cher Monsieur Selby ! Nous avons des lumieres. Le Ciel en soit loué ! Nous venons de recevoir des nouvelles , moins heureuses à la vérité qu'il ne seroit à désirer ; mais votre chere , votre aimable Niéce est vivante. Elle vit , elle est dans des mains honorables ! Lisez la lettre que je vous envoie , & qui m'étoit adressée.

✵ ✵

MONSIEUR,

Miſs Byron eſt en ſureté, avec des perſonnes d'honneur. Dès le premier moment qu'elle a pû diſpoſer d'elle-même, elle m'a priée de tranquilliſer votre cœur par cette information.

Elle a reçu des traitemens cruels, dont elle n'eſt point en état de vous apprendre les circonſtances. Nous l'avons vûe plus d'une fois ſans connoiſſance, & cet état a duré des heures entieres. Mais n'en ſoiez pas trop effrayé. Ses évanouiſſemens, quoiqu'auſſi fréquens encore, deviennent beaucoup moins dangereux.

Le Courrier vous apprendra qui eſt mon Frere, à qui vous devez la conſervation de la plus aimable femme d'Angleterre. Il a ordre de vous ſervir de guide, ſi vous nous faites l'honneur de venir, vous & votre Epouſe, dans une Maiſon où vous ſerez reçus avec une parfaite conſidération ; car Miſs Byron n'eſt point en état d'être tranſportée. Vous ſerez convaincu par vos propres yeux, Monſieur, qu'elle

H v

est traitée avec tout le soin possible, par votre très-humble servante,

CHARLOTTE GRANDISSON.

Des traitemens cruels ! Des évanouissemens ! Sans connoissance pendant des heures entieres ! Hors d'état d'être transportée ! Et sa premiere inquiétude, dans cette situation, pour la tranquillité de ses amis ! Chere, chere Henriette ! Mais commençons par nous réjouir, cher Cousin, de la retrouver dans une Maison si honorable. Ma réponse est attendue par le Courrier. Je n'ai pas le tems de vous en faire une copie ; & je suis d'ailleurs obligé d'écrire à mes deux Amis, pour leur faire savoir que leurs gens me deviennent inutiles.

Miss Byron est chez le Comte de L..., dans un château de ce Seigneur, proche de Colnebroke.

Ma femme, toute affoiblie qu'elle est de ce qu'elle a souffert dans cette occasion, voudroit faire le voïage avec moi. Mais il vaut mieux que j'aille m'assurer d'abord de l'état de votre chere Niéce. Je serai demain, à cheval, dès la pointe du jour. Mon Laquais aura un Porte-manteau, rempli par ma femme de tout ce qui convient à ce sexe. Miss Byron doit avoir paru bien étrange, dans ses habits de Bal, aux yeux de son Liberateur.

Le Courrier, qui m'a remis la Lettre, n'a pû me donner beaucoup d'information ; mais voici, en peu de mots, ce que j'ai tiré de son récit. Son Maître est le Chevalier *Charles Grandisson*, revenu depuis peu de ses voyages. J'ai souvent entendu parler de son Pere, le Chevalier Thomas Grandisson, qui est mort depuis quelques mois. L'honnête Courrier ne finit point sur les louanges de son jeune Maître, & fait aussi beaucoup d'éloges de Miss Charlotte Grandisson, sa Sœur. Il m'a dit que Sir Charles, étant parti à six Chevaux pour Londres, avoit heureusement rencontré notre malheureuse Cousine. Sir Hargrave est l'Infâme. Je regrette, du fond du cœur, d'avoir soupçonné Mr Greville. Sir Charles Grandisson avoit des affaires à Londres. Il a continué son voiage, après avoir délivré notre chere Fille, & l'avoir confiée aux soins de sa Sœur. Que le Ciel verse à jamais ses bénédictions sur lui !

Ce Misérable Hargrave, autant que le Courrier l'a pù comprendre, est dangereusement blessé ! Sir Charles l'eſt auſſi ; mais ſi légerement , graces au Ciel ! que cet accident ne l'a point empêché de continuer ſa route, après une ſi glorieuſe action. Je voulois donner une honête récompenſe au Courrier ; il s'en eſt défendu ſi conſtamment, en me donnant pour excuſe qu'il ſervoit le plus généreux de tous les Maîtres , que je me ſuis vû obligé de retirer la main.

Je fais partir cette lettre par un Exprès. Vous recevrez les autres circonſtances par la Poſte , & je me flatte de n'avoir plus rien de malheureux à vous marquer. Mais pardonnez la confuſion qui doit réſulter ici d'un mêlange mal ordonné , tel qu'il doit avoir été néceſſairement dans une ſi terrible incertitude. Je ſuis , &c.

ARCHIBALD REVES.

LETTRE XVI.

Mr REVES à Mr SELBY.

Samedi 18 Février.

IL ne faut pas faire languir un moment votre impatience. J'arrive. Vous attendez de moi juſqu'aux moindres

circonſtances d'une avanture ſi ré-
voltante, & tout ce qui regarde notre
Protecteur & ſa famille. L'Angleterre
n'a rien de comparable à Sir Charles
Grandiſſon & ſa Sœur.

Il étoit neuf heures du matin, lorſque j'ai frappé à la porte du Château.
J'ai demandé des nouvelles de Miſs
Byron ; & ſur mon nom, qu'on a
paru deviner, j'ai été conduit dans une
très-belle Salle, où je n'ai pas attendu
longtems ſans voir paroître une jeune
Perſonne du meilleur air. C'étoit Miſs
Grandiſſon. Je lui ai fait mille remercimens de ſa lettre, & des précieuſes
informations qu'elle m'avoit données
ſur la vie & la ſureté de ce que nous
avons de plus cher au monde. Elle
m'a répondu que Miſs Byron devoit
être une charmante perſonne ; qu'elle
venoit de la quitter ; mais que je ne
pouvois encore la voir. Ah ! Mademoiſelle, ai-je repliqué avec autant
d'étonnement que de douleur, je m'é-
tois flattée de la trouver mieux. Elle
n'eſt pas plus mal, a repliqué Miſs
Grandiſſon ; ne vous allarmez point.
Mais elle a beſoin de repos. Si ſa diſgrace avoit duré plus longtems.... Ah !
Mademoiſelle, ai-je interrompu, vo-

tre généreux, votre noble Frere....
eſt le meilleur de tous les hommes,
a-t'elle continué, en m'interrompant
à ſon tour. Ses délices, Monſieur, con-
ſiſtent à faire du bien. Je ſuis perſuadée
que cette avanture en a fait un homme heureux.

J'ai demandé ſi ma Couſine étoit
ſi mal, que je ne puiſſe obtenir de la
voir un inſtant? Miſs Grandiſſon m'a
dit qu'elle ne faiſoit que ſortir d'un
évanouiſſement, où elle étoit tombée,
en voulant faire le récit de ſon hiſtoire, & lorſqu'elle avoit prononcé
le nom du Miſérable qui avoit cauſé
toutes ſes peines; que depuis deux
jours elle n'avoit encore fait cette
relation qu'imparfaitement, ſans quoi
nous aurions été mieux informés par
le Courrier; que lorſque je la verrois,
je devois m'obſerver beaucoup dans
mes diſcours; qu'on avoit fait venir
un habile Médecin, qui ne la quittoit
pas un moment, & qui ordonnoit par-
ticuliérement le repos; qu'avec un
peu de calme & de ſommeil naturel,
il la garantiſſoit hors de danger. Je
lis votre impatience, a-t'elle ajouté;
mais il faut lui laiſſer le tems de ſe
remettre. Je l'avertirai alors de votre

arrivée, & nous la verrons enfemble.

J'ai marqué beaucoup d'empreffement pour apprendre du moins comment elle avoit été délivrée. Ce fera,
s'il vous plaît, en déjeunant, m'a dit
Mifs Grandiffon ; j'étois prête à déjeuner, lorfque vous êtes entré au Château.

Elle a fonné ; & le Thé ayant paru
auffi-tôt, nous nous fommes affis, avec
autant de familiarité que fi nous nous
étions connus depuis longtems. On
évite, a-t-elle repris, toutes les quef-
tions qui peuvent l'affecter. Je ne fuis
pas trop bien informée moi-même du
détail de fa délivrance. Mon Frere étoit
appellé à la Ville par des affaires preffantes. A peine fes gens mirent pied à
terre. Il ne doutoit pas, me dit-il, que
la jeune Dame qu'il remettoit entre
mes mains, ne fut bientôt en état de
fatisfaire ma curiofité. Mais elle eft
tombée dans des évanouiffemens, qui
ont recommencé tant de fois, à mefure
qu'elle fe rappelloit le danger d'où elle
étoit fortie, que je me fuis crüe obligée
de fufpendre mon impatience, jufqu'au
retour de Sir Charles. Je l'attens aujourd'hui vers midi.

Bon Dieu ! me fuis-je écrié dou-

loureufement, que cette chere perfonne doit avoir fouffert ! Et n'ai - je pas
entendu dire qu'il y avoit eu un combat ? J'efpere, Mademoifelle, que Sir
Charles.... Je l'efpere auffi, a-t'elle
interrompu ; & la même impatience
que vous avez de voir votre Coufine,
je l'ai de retrouver mon Frere. Mais,
fur les craintes que je lui ai marquées,
il m'a protefté en honneur, que fa blef-
fure n'étoit prefque rien. Mon frere eft
un homme vrai ; & lorfqu'il engage fon
honneur, on peut s'en fier à lui.

J'ai demandé alors à Mifs Grandiffon, fi elle n'avoit pas été bien furprife
de fe voir amener une jeune perfonne
dans un habillement fi bizarre ?
Je vous le laiffe à juger, m'a-t-elle
répondu. J'étois dans ma chambre. On
y entra brufquement, pour me dire,
que Sir Charles me prioit de defcendre
un moment ; qu'il avoit fauvé une très-
jolie Dame des mains d'une troupe de
voleurs, car c'eft le premier rapport
qu'on me fit ; & qu'il étoit revenu avec
elle. Je fus trop frappée du retour im-
prevû de mon Frere, & trop touchée
de la terreur & de l'affliction de fa
compagne, lorfque j'eus jetté les yeux
fur elle, pour être capable de faire at-

tention à ſes habits. Elle étoit tremblante, & Sir Charles auprès d'elle, qui
la raſſuroit dans les termes les plus tendres. Je la ſaluai en l'embraſſant, & je
lui promis tous mes ſoins. Elle vouloit
mettre un genou à terre, pour recevoir
mes careſſes ; tant ſon infortune ſem-
bloit l'avoir humiliée. Mais mon frere
l'aïant ſoutenuë, elle conſentit à s'aſ-
ſeoir, en s'excuſant ſur ſa foibleſſe.
Vous voïez devant vous, me dit-t'elle,
un ſpectacle bien étrange ; & ſes yeux
parcouroient ſon habillement ; mais
j'eſpere, Mademoiſelle, que vous n'en
prendrez pas une plus mauvaiſe opinion de mon innocence. Cette odieuſe
parure n'eſt pas de mon choix. Qu'elle
me cauſe de confuſion ! On a voulu
que je fuſſe dans ce déguiſement, pour
une Maſquarade : malheureux amuſement ! Je ne le connoiſſois point....
& c'eſt l'unique fois.... Ne jugez pas
mal, Monſieur, en ſe tournant vers
mon frere, les mains jointes & levées,
de celle que vous avez ſi généreuſement
délivrée. Ne jugez pas mal de moi, Mademoiſelle, en ſe tournant de mon côté
Je n'ai rien à me reprocher. Un lâche,
le plus lâche de tous les hommes....
Elle n'eut pas la force d'achever.

Mon frere me recommanda d'em-
ploier d'abord tous mes foins à lui
faire rappeller fes efprits, & de prendre enfuite fes ordres, pour donner
avis de fon heureufe délivrance à fa
famille. Une jeune perfonne de cette
apparence, ajouta-t'il, ne peut avoir
difparu un moment fans caufer de
vives allarmes à tous fes Amis. Il lui
répéta qu'elle étoit dans une Maifon
d'honneur, & que je me ferois un
bonheur de l'obliger. Elle vouloit être
conduite à la Ville; & remarquant
qu'elle confideroit fes habits, je lui
propofai d'en prendre des miens. Mon
frere lui dit que fi elle étoit réfolue
de partir, il monteroit à cheval, pour
lui laiffer fon Caroffe, & qu'il étoit
fûr que je l'accompagnerois volontiers.
Mais, avant qu'elle pût accepter cette
offre, comme elle y paroiffoit difpofée, fes forces l'abandonnerent, & je
la vis tomber fans connoiffance à mes
pieds. Mon frere attendit feulement
qu'elle fut en état d'ouvrir les yeux.
Il ne faut pas penfer, me dit-il, à la
faire partir. Qu'on fe hâte d'appeller
un Médecin. Elle eft trop foible &
trop abbatue, pour fouffrir le mouvement du Caroffe. Vous prendrez fes

ordres pour sa famille, aussitôt qu'elle pourra les donner. Il me dit adieu, après m'avoir promis d'être aujourd'hui à dîner avec moi. En partant, il repeta : vous êtes en sûreté, Mademoiselle, vous êtes ici sans crainte. Elle le remercia par un mouvement de tête, mais sans être capable de prononcer un seul mot. Il partit.

Et puisse le Ciel, ai-je répondu à Miss Grandisson, le combler de ses plus précieuses faveurs, dans quelque lieu qu'il aille jamais!

Elle m'a dit que le Château, où nous étions, appartenoit au Comte de L..., qui a épousé depuis peu sa sœur aînée, & qui est allé avec elle en Ecosse, où la plupart de leurs terres sont situées ; que leur retour n'est pas éloigné, & qu'elle n'est elle-même à Colnebroke que depuis trois jours, pour y faire préparer ce qui est nécessaire à leur réception. Il est heureux pour votre Cousine, a-t'elle ajouté, que mon frere ait eu la complaisance de m'y accompagner, & que ses affaires l'aient appellé hier à Londres. Il se proposoit de revenir aujourd'hui, pour m'y conduire ce soir. Notre famille est fort unie, Mr Reves. La tendresse du sang n'a jamais été plus vive entre un frere

& des sœurs. Mais pourquoi ce détail à present ? J'espere que nous nous connoîtrons mieux ; & je vous déclare que je suis déja charmée de Miss Byron.

Après le déjeuner, qu'elle a précipité pour m'obliger, elle m'a conduit à l'apartement de Miss Byron ; & m'aiant fait demeurer à la porte de sa Chambre, elle s'est avancée fort doucement au chevet de son lit. Elle n'a fait qu'entrouvrir le rideau ; mais j'ai entendu aussitôt la chere voix de notre Cousine. Quel embarras je vous cause ! a-t'elle dit tendrement à sa bienfaictrice. Miss Grandisson l'a priée, avec une aimable familiarité, de ne pas lui tenir ce langage. Ensuite elle lui a demandé, si elle vouloit lui promettre de n'être pas trop surprise à mon arrivée. Je n'en puis ressentir que de la joie, a-t'elle répondu. Alors Miss Grandisson m'a fait entrer ; & je me suis approché du lit, pour y baiser mille fois une chere main, qu'on a tendue vers moi. Je vous revois donc, me suis-je écriée les larmes aux yeux, délices de mille cœurs ! Adorable Cousine ! Je vous revois, dans des mains dignes de vous. Hà ! Je ne puis vous dire tout ce que nous avons souffert.

Non , m'a-t'elle répondu : Ne me dites pas ce que je crois comprendre. Mais , Monfieur , favez-vous que je fuis tombée dans un lieu celefte ? Mifs Grandiffon l'a interrompuë , pour lui reprocher de l'excès dans fa reconnoiffance ; & fe baiffant vers moi , elle m'a prié de me fouvenir que le Medecin demandoit du repos.

Si Mifs Grandiffon traite fa reconnoiffance d'exceffive, nous , cher Mr Selby, qui favons combien le cœur de notre incomparable fille eft fenfible aux obligations les plus fimples , nous concevons quel doit être en effet l'excès de fes fentimens pour le généreux Frere qui l'a delivrée , pour la Sœur dont elle reçoit des foins fi tendres , pour deux Etrangers à qui elle croit devoir l'honneur & la vie ! Cette idée feule étoit capable de me lier la langue , dans la crainte de lui caufer trop d'émotion. Cependant malgré l'avis que je venois de recevoir , je n'ai pû réfifter au mouvement qui s'eft élevé tout d'un coup dans mon efprit. Je ne ferai qu'une feule queftion à ma chere Coufine , ai - je dit avec affez d'embarras : la violence de cet Infâme auroit-elle été . . . Je voulois dire dans une autre vûe que le mariage : mais Miſs Grandiſſon m'a coupé la voix. Vous ne ferez pas une queſtion, m'a t'elle dit, qui puiſſe faire revivre des ſouvenirs déſagréables. Miſs Byron n'eſt-elle pas vivante ? N'eſt-elle pas ici ; & ſa ſanté prête à ſe rétablir ? Vous prendrez patience, juſqu'à ce qu'elle ſoit en état de vous faire ſon récit. Je n'ajoûte pas un mot, ai-je repliqué ; c'eſt l'ardeur de la vengeance.... Ma Couſine a pris la parole : j'obéis au Médecin, m'a-t'elle dit ; mais ſi je ſuis jamais capable de pardonner à l'auteur de ma diſgrace, ce ſera pour m'avoir donné l'occaſion de connoître Miſs Grandiſſon ; quoique ſes bontés m'impoſent des obligations dont il me ſera impoſſible de m'acquitter. Elle s'eſt arrêtée. J'ai cru trouver, dans ce diſcours, une heureuſe preuve qu'elle n'avoit pas été ménacée de la derniere violence. Autrement, elle n'auroit pas ſuppoſé qu'elle pût jamais pardonner à ſon Ennemi.

Elle a propoſé de ſe lever. Miſs Grandiſſon, lui voïant les yeux plus ſereins, a dit qu'elle y conſentoit, pourvû que ſes forces le permiſſent, & qu'il ne ſeroit pas néceſſaire qu'elle revit fon odieux habillement. Je leur ai parlé du Porte-manteau, dont je m'etois fourni, par les foins de Mme Reves ; & je l'ai fait apporter auffitôt.

Mais je veux finir ici ma lettre, pour ne pas manquer l'heure de la Pofte. D'ailleurs mes fatigues m'obligent de penfer au fommeil. Il ne me refte, pour demain, qu'une matiere agréable ; & l'opinion que j'ai de votre impatience me portera peut-être à la fatisfaire par un Exprès. Sir Roland vint hier ici deux fois ; & s'eft préfenté ce matin pour la troifiéme. Ma femme lui a fait dire que pour une affaire imprévûe, Mifs Byron avoit été obligée de faire un petit voïage, qui ne pouvoit durer moins de deux ou trois jours. Il fe propofe de retourner dans fa Province à la fin de la femaine.

Si notre chere Mifs fe trouve demain un peu plus tranquille, elle eft réfolue de revenir lundi ; & je lui ai promis d'être le matin à Colnebroke. Qu'elle joie fon arrivée va répandre ici !

Je n'ai eu jufqu'à préfent, ni le tems, ni l'inclination, de penfer à l'Infâme, qui nous a jettés dans une fi mortelle inquiétude.

LETTRE XVII.

M^r. REVES à M^r. SELBY.

VOus attendez la suite de mon récit. Miss Grandisson, qui m'avoit engagé à passer avec elle dans une chambre voisine, tandis qu'elle avoit laissé ses femmes avec ma Cousine, m'a quitté, après lui avoir laissé le tems de s'habiller. Elle est revenue presqu'aussitôt. C'est la plus charmante personne, m'a-t'elle dit, que j'aie jamais vûe ; mais elle m'a paru si tremblante, que je lui ai persuadée de se mettre sur son lit; & je l'ai assurée que vous demeureriez à dîner. En vain me suis-je défendu, par l'impatience que j'avois de porter d'heureuses nouvelles à ma femme. On m'a répondu que ma résistance étoit inutile, & que la sœur feroit un Prisonnier, comme le frere en avoit délivré un. Ma résolution étoit encore incertaine ; lorsqu'un bruit de chevaux nous aiant fait jetter les yeux dans la cour, nous avons vû sortir Sir Charles Grandisson de son Carosse.

Il est entré, de l'air le plus noble ;
& s'adressant

& s'adreſſant à moi : j'apprens, m'a-
t'il dit, que j'ai l'honneur de voir M.
Reves. Il s'eſt tourné vers ſa ſœur,
pour lui demander pardon d'être entré,
ſans s'être fait annoncer. Il a donné,
pour excuſe, qu'il me ſavoit avec elle,
& qu'il brûloit d'apprendre des nouvelles de Miſs Byron. Nous lui avons
rendu compte de la ſituation de notre
chere Malade, qui s'étoit levée, &
même habillée ; mais qui ſe trouvoit
encore ſi foible, qu'on l'avoit engagée
à ne pas quitter ſa Chambre. Il m'a
félicité de l'eſperance que nous avions
du moins, de la voir bientôt rétablie.

Le Chevalier Grandiſſon eſt dans
la fleur de l'âge. Je ne me rappelle
point d'avoir jamais vû d'homme mieux
fait, & d'une plus belle phyſionomie.

Après lui avoir fait mes remercimens au nom de pluſieurs familles &
au mien, je n'ai pû manquer de lui
demander quelque information ſur ſa
bleſſure. Il a traité de bagatelle, ſon
habit percé, & la peau de l'épaule à
peine effleurée. Il a paſſé la main ſur
l'endroit qu'il avoit déſigné, pour nous
marquer qu'il n'y reſtoit aucune douleur. Il nous a dit que Sir Hargrave
avoit eu beaucoup de déſavantage,

dans un Caroſſe ; que ſes réfléxions ,
ſur l’évenement d’hier , lui cauſoient
d’autant plus de plaiſir , que s’étant informé de la ſanté de ſon Adverſaire ,
il avoit appris qu’on en eſperoit bien ,
du moins s’il étoit capable de ſe mo-
derer ; qu’il s’en réjouiſſoit ſincere-
ment , & qu’il ne ſe pardonneroit pas
d’avoir ôté la vie à quelqu’un dans la
chaleur d’une querelle. Enſuite, pour
changer de diſcours , il voulut ſavoir
dans quel état Miſs Byron s’étoit trouvée depuis le jour précédent. Miſs
Grandiſſon en rendit un compte éxact ,
& s’étendit beaucoup ſur les perfections
de ma Couſine, que je confirmai par
un juſte éloge. Il remercia ſa Sœur
de ſes ſoins , comme ſi c’eût été pour
lui-même qu’elle les eût emploiés.

Nous lui demandâmes alors quelque
éclairciſſement , ſur la glorieuſe action
qui rendoit une ſi chere perſonne à
mille honnêtes gens dont elle étoit ado-
rée. Je veux le faire parler lui-même ,
en me rappellant ſes propres termes,
autant qu’il me ſera poſſible ; & je
m’efforcerai de conſerver l’air de ſang-
froid , avec lequel il nous fit cette
agréable Relation.

Vous ſavez , ma ſœur , les affaires

qui me demandoient à la Ville. C'est un bonheur extrême que j'aie cedé à vos instances, pour vous accompagner ici.

A deux milles de Honslow, j'apperçus devant moi une Berline à six chevaux, qui s'avançoit avec beaucoup de diligence. Mon Postillon avoit ordre aussi d'aller grand train. Le Cocher, qui venoit vers moi, parut disposé à disputer le passage au mien. On s'arrêta l'espace d'une minute. J'ordonnai à mes gens de se detourner : je ne conteste pas volontiers pour une bagatelle. Mes chevaux étoient frais : j'avois fait peu de chemin ; les stores de la Berline étrangere étoient baissés, & je ne pus découvrir d'abord qui étoit dedans ; mais en commençant à tourner, je reconnus les Armes du Chevalier Hargrave Pollexfen, & je crus appercevoir, au travers des stores, deux personnes, dont l'une étoit enveloppée dans un manteau d'écarlate.

Au même instant, une voix, que je crus reconnoître pour celle d'une femme, fit retentir l'air de ses cris : Au secours, au secours, répéta-t'elle plusieurs fois ; au nom de Dieu, secourez-moi ! J'ordonnai à mes gens d'arrêter.

Une voix d'homme, qui étoit celle de Sir Hargrave, ordonna aux siens, par la portiere opposée, de picquer de toutes leurs forces. Mais le chemin se trouvoit croisé par ma Voiture. Les mêmes cris continuant de se faire entendre, avec un son qui paroissoit étouffé, je recommandai à trois Domestiques, qui me suivoient à cheval, d'arrêter soigneusement le Postillon de Sir Hargrave ; & je défendis moi-même à son Cocher de faire un pas. Les stores étoient toujours baissés de mon côté, & Sir Hargrave pressoit ses gens de l'autre, avec beaucoup de juremens & d'imprécations. Je pris le parti de descendre, pour faire le tour de la Berline. Les cris de la Dame ne cessoient point, & je vis Sir Hargrave qui s'efforçoit de lui tenir sur la bouche le bout d'un mouchoir, qui paroissoit lié autour de sa tête. Il juroit outrageusement. Aussitôt que la malheureuse Dame m'eût apperçu, elle tendit les deux mains vers moi, en prononçant du ton le plus triste, Monsieur, au nom de Dieu ! . . .

Sir Hargrave, dis-je à son Tiran, je vous ai reconnu à vos Armes. Vous me paroissez engagé dans une fort

mauvaise affaire. Oui, me répondit-
il, d'un ton fort animé, je suis le
Chevalier Pollexfen, & je reconduis
chez moi une femme fugitive. Je lui
demandai si c'étoit la sienne? Oui, re-
prit-il, en jurant ; & prête à m'échapper
dans une maudite Mascarade ; voyez,
ajouta-t'il, en levant le manteau, prête
à fuir dans cet équipage même. Oh !
non, non, non, s'écria la triste Dame.

Il recommençoit ses imprécations
contre le Cocher, pour lui faire picquer ses chevaux. Je le priai de faire
attention à moi. Permettez, Sir Hargrave, que je fasse une question à Madame. Je vous trouve fort indiscret,
interrompit-il brusquement : Eh, qui
êtes-vous, s'il vous plaît ?

Etes-vous Mylady Pollexfen, Madame ? continuai-je, sans tourner les
yeux sur lui. Oh ! non, non, non ; ce fut
tout ce qu'elle eut la force de répondre.
Deux de mes gens s'approcherent de
moi. Le troisième tenoit la tête du
cheval du Postillon. Trois hommes,
qui suivoient aussi Sir Hargrave à
cheval, étoient demeurés à quelques
pas, & sembloient tenir conseil ensemble, comme s'ils eussent appréhen-
dés de s'avancer davantage. Aiez l'œil,

fur ces gens là, dis-je aux deux miens:
Il arrivera quelques Paſſans, qui pren-
dront parti pour la juſtice. Malheureux!
criai-je au Cocher, qui vouloit picquer ſes chevaux ; ta vie en répon-
dra. Sir Hargrave ne ceſſant point de
le preſſer avec le plus furieux emportement, je répétai la même ménace ;
& je demandai nettement à la Dame
ſi elle ſouhaitoit d'être libre. Oh !
Monſieur, me répondit-t'elle, délivrez-moi par pitié ! Je ſuis dans les
mains d'un lâche Raviſſeur ; je ſuis
trahie, enlevée ; délivrez-moi, délivrez-moi !

J'ordonnai alors à mes gens de couper les traits, s'ils craignoient de ne
pouvoir arrêter autrement la Berline ;
de faire face aux trois hommes,
d'en arrêter même un s'il étoit poſſible, & de me laiſſer le ſoin du reſte.
Sir Hargrave, jugeant que je ne pen-
ſois plus à le ménager, tira ſon épée,
qu'il avoit entre ſes genoux, & leva
la voix pour appeller ſes trois hommes,
avec ordre de faire feu ſur tout ce
qui s'oppoſeroit à ſon paſſage. Je lui
dis que mes gens étoient auſſi-bien armés que les ſiens ; qu'ils m'obéiroient
au premier ſigne, & que je ne lui

conseillois pas de me mettre dans la nécessité de le donner. Ensuite m'adressant à la jeune Dame, je lui demandai si elle étoit résolue de se mettre sous ma protection ! Oh ! Monsieur ! me dit-elle, j'implore votre bonté comme celle du Ciel.

Je ne balançai plus à ouvrir la portiere. Sir Hargrave prit ce moment pour m'allonger un grand coup, accompagné de plusieurs injures. J'en avois eû quelque défiance ; de sorte qu'étant sur mes gardes, je n'eus pas de peine à détourner son épée, qui ne laissa point de me toucher légérement l'épaule ; j'avois la mienne à la main, mais dans le fourreau. La portiere demeurant ouverte, il est vrai que je n'eus pas la politesse de baisser la botte du Carosse, pour aider Sir Hargrave à descendre. Je le saisis au collet, avant qu'il eût pû se remettre du coup qu'il m'avoit porté ; & par une violente sécousse, qui le fit tourner en tombant de sa voiture, je le plaçai assez heureusement sous la roüe de derriere. Je lui arrachai son épée, que je rompis aussitôt, & dont je jettai les deux piéces par dessus ma tête. Son Cocher jetta un grand cri ; mais il fut arrêté par les ménaces du mien. Son Postillon n'étoit qu'un Enfant, qu'un de mes gens avoit démonté avant que de joindre les deux autres, aufquels j'avois ordonné de fe faifir, s'il pouvoient, des trois hommes de Sir Hargrave : ma feule vûe étoit de les arrêter ; car je jugeois que ces Miférables, connoiffant les criminelles difpofitions de leur Maître, étoient déja fort épouvantés.

Sir Hargrave avoit la bouche & le vifage tout en fang. Je m'imaginai que j'avois pû le bleffer du pommeau de mon épée. Une de fes jambes, en fe débattant, étoit paffée entre les raions de la rouë. Cette fituation me parut affez propre à contenir fon emportement, & je criai au Cocher de ne pas faire remuer le Caroffe, pour l'intérêt même de fon Maître, qui paroiffoit extrêmement mal de fa chute. Il juroit de toutes fes forces. Affurément, un homme, fi peu capable de fupporter une offenfe, devoit l'être moins d'offenfer autrui, fuivant fes propres principes. Je n'avois pas tiré mon épée, comme j'efpere de ne le jamais faire dans aucun démêlé particulier. Cependpendant je n'en aurois pas fait difficulté, dans une occasion de cette nature, si j'y avois été forcé.

La jeune Dame, quoique mortellement effraiée, avoit trouvé le moien de se dégager du manteau. Je n'eus pas le tems de tourner mon attention sur ses habits ; mais je fus frappé de sa figure, & plus encore de sa terreur. Je lui offris la main, sans penser plus que la premiere fois à la botte du Carosse ; & je crois qu'elle n'étoit gueres occupée, non plus, que de sa délivrance. N'avez-vous pas lû, Mr Reves, (c'est Pline, je crois, qui fait quelque part ce récit) l'avanture d'un Oiseau effraié, qui se trouvant poursuivi par un Faucon, se jetta dans le sein d'un Passant, comme dans un azile ? De même, exactement de même, en me voïant reparoître à la portiere du Carosse, votre charmante Cousine, au lieu d'accepter la main que je lui présentois, se précipita réellement entre mes bras. Oh ! Sauvez-moi, Monsieur, sauvez-moi, s'écria-t'elle d'une voix altérée. Elle étoit prête à s'évanouir. Je ne crois point qu'elle fût en état de marcher. Il me fallut faire le tour des chevaux de Sir Hargrave, pour la transporter dans ma voiture. Soyez sure, Mademoiselle, lui dis-je en la faisant asseoir, que vous êtes avec un homme d'honneur. Je vais vous mener à ma Sœur, qui est une jeune personne de votre âge, dont vous devez vous promettre toute sorte d'assistance & de soins. Elle jettoit successivement les yeux par les deux portieres, avec des marques visibles d'effroi, comme si le voisinage de Sir Hargrave l'eût encore allarmée. Ne craignez rien, lui dis-je. Je suis à vous dans l'instant. Elle me supplia de fermer ma portiere.

Je m'avançai de quelques pas, mais sans la perdre de vûe, pour observer ce qu'étoient devenus mes gens. J'ai sû d'eux qu'en allant vers les trois hommes de Sir Hargrave, ils avoient présenté le bout de leurs pistolets. Ces trois Misérables se mirent d'abord en défense ; mais effraiés apparemment par leurs remords, ils prirent aussi-tôt la fuite. Mes gens les poursuivirent l'espace de deux ou trois cens pas, & revenoient à mon secours, lorsque je quittai Miss Byron pour les rappeller.

Je vis, à quelque distance, Sir Hargrave soutenu par son Cocher, & s'appuiant sur lui de tout son poids, avec beaucoup de difficulté à remonter dans sa Berline. Je donnai ordre à un de mes gens de lui dire qui j'étois. Il ne répondit que par des malédictions, & par des menaces d'une furieuse vengeance. Mais ses emportemens étoient encore plus horribles contre ses gens, qu'il traitoit de Lâches & de Traîtres.

Je remontai alors dans ma Voiture. Miss Byron s'étoit laissée tomber au fond, où je la trouvai presqu'évanouie, & pouvant à peine ouvrir la bouche, pour repeter sauvez-moi, sauvez-moi. Je la rassurai, je la levai sur le siége ; & je me hâtai de l'amener à ma Sœur, qui a raconté sans doute à Mr Reves, tout ce qui est arrivé depuis.

Ma reconnoissance alloit se répandre en éloges & en remercimens : mais Sir Charles n'a pas manqué de m'interrompre, pour arrêter cette effusion. Vous voïez, Monsieur, m'a-t'il dit, que cette victoire m'a peu coûté, & que j'ai peu de sujet d'en faire gloire. La conscience du Ravisseur étoit contre lui, & celle de ses Valets étoit pour moi. Les miens sont d'honnêtes gens, qui aiment leur Maître. Dans une bonne cause, je parirois pour ces trois hommes, contre six, qui en soutiendroient une mauvaise. Le vice est ce qu’il y a de plus lâche au monde ; lorſqu’il eſt attaqué avec réſolution : & que peuvent craindre d’honnêtes gens, qui défendent la juſtice & la vertu ?

Il paroît que Sir Hargrave eſt retourné à la Ville. L’Infame ! Quelle figure doit-il faire à ſes propres yeux ! Sir Charles raconte qu’en paſſant à *Smalburygreen*, les Gardes de la Barriere ont fait à ſes gens l’hiſtoire d’un vol tragique & ſanglant, commis le même jour, à deux milles de Honſlow, par cinq ou ſix Brigands à cheval ; ils ont ajouté que le Gentil-homme, qui a eu le malheur d’être volé dans un Caroſſe à ſix chevaux, étoit paſſé une demie heure auparavant par la Barriere, couvert de bleſſures ; qu’ils lui avoient entendu pouſſer des gemiſſemens, & qu’il alloit faire ſes dépoſitions à la Juſtice de Londres. Un autre commentaire, nous a dit Sir Charles. en ſouriant, c’eſt que pendant le récit des Gardes, un homme à cheval, qui s’eſt arrêté pour l’entendre, a prétendu que c’étoit un faux bruit, & qu’il n’étoit pas queſtion de vol ; mais d’une querelle entre deux Petits-Maîtres, dont l’un avoit enlevé à l’autre une fort jolie Maîtreſſe.

Ce badinage ne m'a point empêché
de demander férieufement à Sir Charles, fi la prudence ne nous obligeoit pas
de prendre quelques mefures, contre
la malignité de notre Ennemi ? Il lui
fembloit, m'a-t'il dit que le parti le plus
fage étoit d'éviter l'éclat, auffi longtems
du moins que l'Agreffeur paroîtroit
tranquille. Les Mafcarades, a-t'il a-
joûté, ne font pas des lieux où il foit
honorable pour une femme de recevoir
une infulte. Le fcandale, a-t'il dit encore, a toûjours quelque chofe de facheux,
pour ceux même qui peuvent s'affurer
d'y avoir donné le moins d'occafion.
Il prétend que l'avanture de Mifs Byron,
racontée fimplement, nous laiffera toujours le pouvoir de prendre les mefures qui nous conviendront. Ainfi, Sir
Charles n'eft pas ami des Mafcarades.
Pour moi, je vivrois cent ans, fans
être tenté d'y retourner.

Toute mon impatience, à préfent,
eft d'entendre le récit de Mifs Byron.
Plaife au Ciel ! qu'il ne foit pas d'une
nature à nous obliger.... Cependant,
comme notre chere Mifs a de grands
principes de délicateffe.... Je ne puis
encore me rendre maître de mes idées.
Il faut s'armer de patience un peu plus
long-tems.

Miſs Grandiſſon nous a quittés, pour s’aſſurer de l’état de ſa chere Malade. Son abſence n’a pas duré longtems; les deux charmantes perſonnes ſont entrées enſemble; l’une appuïée ſur le bras de l’autre, qui la ſoutenoit avec toutes les attentions de la plus tendre amitié. Miſs Byron m’a paru d’abord aſſez pâle; mais, à la vûe de ſon Libérateur, ſes joues ſe ſont couvertes d’un aimable vermillon. Sir Charles s’eſt approché d’elle; d’un air calme & ſerein, dans la crainte de lui cauſer de l’émotion : & prévénant, par quelques expreſſions civiles, les témoignages d’une réconnoiſſance paſſionée, il lui a pris la main, pour la conduire ſur un Fauteuil, où elle n’a pas été plutôt aſſiſe, que ſa foibleſſe nous a cauſé de nouvelles allarmes. Miſs Grandiſſon lui a préſenté des Sels, qui l’ont un peu fortifiée. Alors ſes yeux ſe ſont ouverts avec une langueur touchante, qui ne les rendoit que plus expreſſifs, en leur dérobant quelque choſe de leur éclat naturel. Tous les mouvemens de ſon cœur alloient paſſer ſur ſes lévres. Mais Sir Charles lui a demandé la permiſſion de l’interrompre, pour ménager ſes forces. Il s’eſt plaint du prix exceffif qu'elle fembloit attacher à un fervice commun. Chere Mifs ! lui a-t'il dit, du ton le plus tendre ; car je prens déja la liberté de vous traiter avec la familiarité d'une longue connoiffance ; tout ce que j'apprens de Mr Reves & de ma Sœur doit me faire regarder le jour d'hier, comme un des plus heureux de ma vie. Je regrette que le commencement de notre liaifon vous ait coûté fi cher : mais ces apparences de mal produiront un bien réel. J'ai deux Sœurs, dont les excellentes qualités font honneur à leur fexe. Confentez que je puiffe me vanter déformais d'en avoir trois. Quelle fatisfaction ne vais-je pas tirer, d'un événement qui fait une addition fi aimable à ma famille ? Enfuite il a pris la main de ma Coufine & celle de fa Sœur ; il les a jointes, en les preffant dans les fiennes : fi vous nous faites l'honneur, a-t'il ajouté, d'accorder le nom de Sœur à Charlotte, ne m'eft-il pas permis, fur un fondement fi doux, d'afpirer à celui de votre Frere ? Mifs Grandiffon a faifi cette ouverture avec des tranfports de joie. Ma Coufine, dans la confufion de divers fentimens qui lui coupoient la voix, a regardé Sir Charles avec un

mêlange de refpect & de reconnoiffance, Mifs Grandiffon avec délices, &
moi d'un air d'admiration. Enfin elle
a trouvé la force d'ouvrir la bouche :
ne vous l'ai-je pas dit, Mr Reves, que
j'étois tombée dans une Maifon célefte !

J'appréhendois qu'elle ne s'éva-
nouît. Mais Sir Charles aïant eu l'adref-
fe de faire changer d'objet à fes idées,
par d'agréables images de l'avenir qui
lui formoient une perfpective plus é-
loignée, elle s'eft fentie capable de
fe mettre à table avec nous, & d'y
demeurer plus d'une demie heure. Sa
contenance néanmoins aïant changé
deux ou trois fois, Mifs Grandiffon
l'a preffée de retourner à fa chambre,
& n'a voulu fe fier qu'à elle-même,
du foin de l'y conduire. J'ai pris congé
d'elle, lorfqu'elle s'eft retirée. S'il n'arrive rien qui retarde notre attente,
j'efpere que nous la reverrons lundi
parmi nous.

Mylady Williams vient de nous
quitter. Je lui ai lû toute ma rélation,
depuis le voïage que j'ai fait à Colnebroke : deux jours ne fuffiront pas,
m'a-t'elle dit, pour fécher fes yeux.
Les Femmes, cher Ami, voient quel-

quefois d'affez loin. Mylady Williams
& Madame Reves feroient charmées
d'entendre Mifs Grandiffon & Mifs
Byron fe traiter de Sœurs, dans un
fens qui n'emportât pas, à l'égard de
l'une, la qualité de Frere pour Sir
Charles. Si ce charmant homme.... .
mais pourquoi m'arrêter à cette idée?...
Cependant rien ne m'empêche d'ajouter que lorfqu'elle eft venue aux deux
Dames, j'ai penfé que de tous les
hommes que notre Coufine a vus jufqu'à préfent, le brave, le galant, le
vertueux Sir Charles, feroit peut-être
le feul qui n'auroit pas beaucoup de
peine à lui plaire, s'il prenoit de l'inclination pour elle. A la vérité, il
eft extrêmement riche ; & fes efpérances ne font pas moins confidérables du
côté de Mylord W..., fon Oncle
maternel. Sa Sœur, qui parle de lui
comme d'un homme divin, m'a dit qu'il
ne pouvoit fe marier fans faire le tourment d'une infinité de cœurs. Sur ce
point, on peut en dire autant de Mifs
Byron. Mais je m'écarte inutilement.

Si notre chere Mifs n'eft pas bien-
tôt en état d'écrire, peut-être rece-
vrez-vous encore une lettre de moi,
Je fuis, &c.

ARCH. REVES.

Mon Courier arrive à ce moment, avec votre réponse. En vérité, cher Selby, j'y trouve quelques lignes qui m'auroient pénétré jusqu'au fond du cœur, si notre chere Fille ne nous avoit pas été si heureusement rendue.

LETTRE XVIII.

Mr REVES à Mr SELBY.

Lundi au soir 20 Févr.

JE prens encore une fois la plume ; mais vous aurez bientôt le plaisir de la voir entre les mains de ma Cousine. Il étoit neuf heures, lorsque je suis arrivé ce matin à Colnebroke. J'ai trouvé Miss Byron mieux rétablie, que je n'osois l'esperer. Elle avoit fort bien passé les deux nuits précédentes, & le jour d'hier fut pour elle un excellent cordial. Sir Charles en passa la plus grande partie dans son Cabinet : mais les deux Dames ne se quitterent pas un moment. Ma Cousine réleve jusqu'au Ciel le mérite de ce Frere & de cette Sœur. Miss Grandisson, dit-elle, a beaucoup d'esprit & d'agrémens, le caractere du monde le plus naturel & le plus ouvert. Sir Charles est la franchise & la politesse même ; ses civilités n'ont rien d'embarassant pour ses Hôtes. L'air aisé, qui régne dans son langage & dans ses manieres, persuade tout d'un coup que pour l'obliger, il ne faut pas en user moins librement avec lui. J'ai vérifié moi-même aujourd'hui cette observation. Ce matin, en arrivant, je m'étois exprimé dans des termes, qui sembloient marquer moins de familiarité que de respect. Sir Charles en a pris occasion de m'embrasser, & m'a dit de l'air le plus obligeant : cher Mr Reves, les honnêtes gens doivent s'aimer à la premiere vûe. Ne différez point à me mettre au nombre de vos Amis. Je vous compte déja parmi les miens. Je penserois mal de moi-même, si je remarquois, dans un homme du caractere de Mr Reves, une défiance de moi, qui ne permît point à son ame de se mêler avec la mienne.

Miss Grandisson n'a pas manqué d'engager ma Cousine à lui raconter toute son histoire ; & celle d'une partie de ses Parens est entrée naturellement dans ce récit.

Miss Byron étant assez rétablie pour

retourner à la Ville,& moi jugeant comme elle, que Sir Charles feroit plus volontiers ce petit voïage en Caroffe qu'à Cheval, j'ai demandé, la liberté de reprendre le Cheval qui m'avoit amené. Cette idée neanmoins eft venue de Mifs Byron. Je lui en ait fait un peu la guerre, depuis notre retour. Mais qu'elle ne fache jamais que je vous l'ai dit ; je vous le demande en grace : elle ne me pardonneroit point. Cependant, lorfque j'ai goûté fa propofition , j'ai vû briller le contentement dans fes yeux.

J'étois à Londres , une demie heure avant le Caroffe ; & j'ai fait d'autant plus de diligence que je me flattois d'engager Sir Charles & fa Sœur , à dîner avec nous. J'ai trouvé au Logis Mylady Willams & Mifs Clemer , notre favorite à tous , qui attendoient avec ma Femme le retour de Mifs Byron. Lorfque le Caroffe s'eft fait entendre , vous auriez vû toute la Maifon dans un tranfport de joie qui approchoit de l'ivreffe. Les Domeftiques fe difputoient l'honneur d'être le premier à la porte. J'y ai volé moi-même, pour donner la main à Mifs Grandiffon ; tandis que Sir Charles a rendu le même office à ma Coufine. Jugez avec quelle effufion de cœur, il a été reçu par les trois Dames. Les careffes, les félicitations & les applaudiffemens ne peuvent être repréfentés. Mais je me fuis vû trompé dans l'efperance que j'avois euë d'engager cet aimable Frere & fa Sœur, à dîner avec nous. Ils étoient appellés par des affaires preffantes. En prenant congé, Mifs Grandiffon a promis de n'être pas longtems fans revoir fa Sœur Henriette, & de vivre avec elle dans la plus intime liaifon. Mylady & ma Femme font demeurées dans l'admiration, de la brillante figure & des manieres nobles de Sir Charles. Il n'y a perfonne de nous qui n'ait eu des yeux affez ouverts, pour un événement qui mettroit le comble à notre bonheur. Mais la modeftie de Mifs Byron, & fa fanté, qui n'eft pas encore affez forte pour ne s'être pas un peu reffentie de l'agitation du voïage, ne nous ont pas permis de pouffer trop loin cet entretien. Elle a demandé la liberté de fe retirer, & nous l'avons preffée nous-mêmes d'aller prendre quelques heures de repos.

Je crois vous avoir dit que j'avois accepté l'offre de Mylady Williams, qui dans l'horrible incertitude où nous étions il y a six jours, proposa d'envoïer son Maître d'Hôtel à Padington. Il n'en a rien rapporté de plus remarquable, que des confirmations sur le caractere de la Veuve & de ses Filles, qui ne passent point pour de mal-honêtes gens. Suivant toute apparence, ces trois Femmes se seroient attendues à des remercimens de la famille de Miss Byron, pour avoir contribué à son mariage avec un homme dont les richesses sont si connues. Le Messager que j'avois envoïé à Reading, pour s'informer du caractere du Bagenhall, nous a rapporté qu'il est fort décrié du côté des mœurs, & qu'il passe pour l'intime Ami de Sir Hargrave. Mais, graces au Ciel, il ne nous reste plus rien à démêler avec ces gens-là. J'apprens que Sir Hargrave même garde sa Maison; & l'on se dit à l'oreille qu'il a l'esprit à demi égaré, jusqu'au point que ses propres Domestiques ne s'approchent pas de lui sans précaution. Il a congédié honteusement tous ceux qui l'accompagnoient dans son odieuse entreprise. Nous ignorons quelle est sa blessure; mais il est réellement blessé, quoique sans danger. On ajoute qu'il s'emporte continuellement en menaces contre Sir Charles. Le Ciel préserve un des meilleurs hommes du monde, & qui mérite le plus sa protection !

Miss Byron se propose d'écrire demain par la Poste, à Miss Lucie Selby, & de lui faire un ample recit de tout ce qu'elle a souffert. J'ai promis de lui fournir, autant du moins que je puis l'esperer de ma mémoire, tous les articles que vous avez déja reçus de moi ; pour lui épargner d'inutiles répétitions. Elle m'ordonne de vous dire qu'elle commence ce soir, afin qu'il ne vous reste aucune inquiétude sur sa situation. Recevez pour vous-même, mon cher Monsieur, & pour toute votre famille, mes félicitations sur l'heureux retour d'une personne qui nous est si chere.

ARCH. REVES.

Fin de la première Partie du I. Volume.